D1725815

David Seamands · Heilung der Erinnerungen

David Seamands

Heilung
der Erinnerungen

Verlag der Francke-Buchhandlung
Marburg an der Lahn

*Gewidmet den vielen Menschen, die
zu mir in die Seelsorge kamen,
mich durch ihr Vertrauen ehrten und
durch unsere gemeinsamen Gespräche
bereicherten, und von denen ich die
meisten Dinge lernen durfte, die ich
über das Wunder der inneren Heilung weiß*

CIP-Kurztitelaufnahme der Deutschen Bibliothek

Seamands, David:
Heilung der Erinnerungen / David Seamands.
[Dt. von Christiane Bartning-O'Brien]. –
Marburg an d. Lahn : Francke, 1987.
  (Apostroph)
  Einheitssacht.: Healing of memories (dt.)
  ISBN 3-88224-568-9

Alle Rechte vorbehalten
Originaltitel: HEALING OF MEMORIES
© 1985 by SP Publication, Inc., Wheaton, USA
© der deutschsprachigen Ausgabe
1987 by Verlag der Francke-Buchhandlung GmbH
3550 Marburg an der Lahn
Deutsch von Christiane Bartning-O'Brien
Umschlaggestaltung: Albert Müllenborn
Satz: Schröder, Wetter
Gesamtherstellung:
St.-Johannis-Druckerei C. Schweickhardt
7630 Lahr-Dinglingen
Printed in Germany   23568/1987

Inhaltsverzeichnis

1. Kapitel

Das Geheimnis der Erinnerung

Eva war begeistert. »Langsam ergibt alles einen Sinn — die Teile passen zusammen. Jedenfalls verstehe ich jetzt, *an welchem Punkt* ich Hilfe brauche und *wofür* ich beten muß, und es gibt Hoffnung — nein, mehr als das — Harry und ich *wissen*, daß die Heilung bevorsteht, und das ändert die ganze Situation.«

Ich konnte nicht anders — dieses nette, junge Paar mußte man einfach gern haben. Beide waren sehr attraktiv und intelligent, offensichtlich mit tiefer Liebe füreinander erfüllt und fest entschlossen, den hohen Ansprüchen einer christlichen Ehe gerecht zu werden. Aber wie so viele andere hatten sie von Anfang an entdeckt, daß sie nicht anders konnten, als sich gegenseitig ständig zu verletzen. Bei unserem Gespräch wurde deutlich, daß der Kern des Problems in Evas Überempfindlichkeit und in ihren unrealistischen Erwartungen lag. Von einigen Menschen heißt es, »sie warten nur darauf, daß irgendwelche Unfälle passieren«. Es schien, daß Eva ein unerschöpfliches Reservoir an Schmerz in sich trug, das nur darauf wartete, angezapft zu werden. Ihr ganzes Leben lang hatten ihr Pastoren und Lehrer gesagt, sie sollte einfach die Vergangenheit vergessen, den Sieg in Christus beanspruchen und neue Fähigkeiten zur Bewältigung der Gegenwart und der Zukunft entwickeln. Daher war Eva überrascht, als ich sie ermutigte, sich der schmerzlichen Erinnerungen nicht nur bewußt zu werden, sondern sie sogar niederzuschreiben, damit sie sie mir und ihrem Ehemann mitteilen konnte. Sie tat dies gewissenhaft und betenden Herzens. Jetzt hatten wir beide den Eindruck, daß die Zeit für das eingehende Heilungsgebet gekommen war. Der Reihe nach stellte sich Eva in der Gegenwart des Herrn einige der für sie verletzendsten und erniedrigendsten Erfahrungen ihrer Kindheit und Jugend noch einmal vor Augen. Während des Gebets hatten wir uns in unserer Vorstellung wieder an jenen Zeitpunkt »zurückversetzt«. Sie rief sich nicht einfach nur die Vergangenheit ins Gedächtnis: sie durchlebte die Ereignisse und die damit verbundenen Gefühle noch einmal, oft bemerkenswert detailliert, als wäre sie tatsächlich jetzt an jenem Ort. Obwohl sie zu kämpfen hatte, vergab Eva den vielen Menschen, die sie verletzt hatten, und empfing ihrerseits Gottes Vergebung für den Groll, den sie so lange in ihrem Herzen gegen diese Menschen gehegt hatte.

Als während der Gebetszeit eine ungewöhnlich lange Pause eintrat, schlug ich vorsichtig vor, daß sie einfach mit dem Herrn darüber sprechen sollte, wenn ihr der Heilige Geist etwas Neues zeigte. Ihre Stimme klang wie die eines kleinen Kindes, als sie mit »Lieber Jesus« ihr Gebet begann. Dann sagte sie ihm etwas, an das sie sich viele Jahre lang nicht erinnert hatte. Sie war ungefähr vier Jahre alt und besuchte mit ihrer Familie ihre Großmutter. Die Oma hatte eine winzige Decke für ihre Puppe gewebt. Eva war ein überaus schüchternes Kind. Es war ihr fast unmöglich, zu jemandem so einfache Dinge zu sagen wie »Hallo«, »Wie geht's?« oder »Dankeschön«. Als Großmutter ihr die Decke gab, sagten ihre Eltern: »Ist das nicht nett von Großmutter, sich so eine Mühe zu machen und solch eine hübsche Decke für dein Püppchen zu weben? Jetzt bedankst du dich aber auch schön, Eva.« Eva seufzte in ihrem kindlichen Gebet: »O Jesus, du weißt, wie sehr ich mich bei Großmutter bedanken wollte, aber mir war die Kehle wie zugeschnürt und ich konnte einfach nichts sagen. Lieber Herr Jesus, ich habe es so sehr versucht, aber ich konnte die Worte einfach nicht herausbringen.«

Jetzt schluchzte Eva herzzerreißend. Ich versuchte sie zu trösten und bat sie, sich vorzustellen, daß sie auf Jesu Schoß saß wie die Kinder in der Bibel. Das ermutigte sie, in ihrem Gebet fortzufahren. Die tiefste Verletzung sollte noch kommen. »Meine kleine Schwester war auch da, und sie wollte die Decke gern haben. Daher sagten mir Mutter und Vater, wenn ich mich nicht bedankte, würde sie die Decke bekommen. Und da ich kein Wort herausbringen konnte, haben sie es getan. Sie gaben sie Marion! *O Jesus, du weißt, wie gern ich sprechen wollte, aber niemand hat mich verstanden. Niemand hat sich um mich gekümmert, es ist nicht fair, es ist einfach nicht fair!*«

Als wir weiterbeteten, erkannte Eva, wie sehr diese und

andere ähnliche Erfahrungen ihr Leben beeinflußt hatten. Sie hatte es zugelassen, daß tiefe Bitterkeit in ihr Herz eindrang. Sie hatte diese Bitterkeit gegen ihre Eltern und gegen ihre Schwester lange mit sich herumgetragen, bis sie schließlich zum Grundmuster ihres Lebens geworden war. Immer wenn sie sich ungerecht behandelt oder mißverstanden fühlte, brachte sie keinen Ton heraus. Bitterkeit stieg in ihr auf, und sie war nicht mehr in der Lage, mit den anderen zu sprechen. Daher konnte sie Probleme niemals lösen. In den darauffolgenden Gebetssitzungen arbeiteten wir gemeinsam daran, daß sie es lernte, sich Harry und anderen auf neue Weise zu öffnen. Bis auf den heutigen Tag ist sich Eva ganz sicher, daß es die Zeit des Heilungsgebetes war, die die große Wende in ihrem Leben herbeiführte.

Was geschah mit Eva und den vielen anderen, von denen wir noch sprechen werden? Sie hatten eine tiefe Erfahrung mit Christus gemacht. Diese Erfahrung schenkte ihnen Heilung von quälenden Erinnerungen, die ihr Inneres und ihre äußeren Beziehungen zu anderen Menschen vergiftet hatten. Diese Erfahrung wird oft »die Heilung der Erinnerungen« genannt. Davon handelt dieses Buch. Aber bevor wir weiter darauf eingehen, wollen wir die Erinnerung selbst aus der Sicht der modernen Wissenschaft und der Heiligen Schrift näher betrachten.

Das Thema der Erinnerung in der Schrift

Die Bibel behandelt die wunderbare Macht der Erinnerung ebenso, wie sie von vielen anderen Themen spricht —, mit sehr wenig Beschreibung oder theoretischer Diskussion. In einer vollständigen Konkordanz der Schrift ist das Wort »Erinnerung« weniger als ein halbes Dutzend Mal aufgeführt. Wenn die Erinnerung etwas Konkreteres darstellt, wie ein Gedenken, steigt die Anzahl auf etwa 25 Verweise. Sucht man aber nach einem Verb wie »sich erinnern«, »sich etwas wieder ins Gedächtnis rufen«, dann gibt es über 250 solcher Verweise. Ungefähr 75 von ihnen beziehen sich auf Gott und seine Erinnerung. Viele von ihnen sind Bitten an Gott, sich an etwas zu erinnern — seinen Bund, seine Verheißungen oder sein Volk. Oder er wird gebeten, sich an etwas nicht zu erinnern – Sünden, Versagen oder ähnliches. Die übrigen Stellen sprechen von der Erinnerung oder der Vergeßlichkeit von Menschen. Unter diesen finden wir viele Gebote, die uns auffordern, uns an gewisse wichtige Dinge zu erinnern bzw. nicht zu erinnern. In der Schrift gilt die Erinnerung als eine der wichtigsten Aspekte von göttlichem und menschlichem Denken. Sie ist ein zentraler Bestandteil von Gottes Wesen, der Vergebung, der Errettung und dem rechten Lebenswandel. Gottes Fähigkeit, sich zu erinnern oder nicht zu erinnern, ist Teil des göttlichen Denkens oder Wissens, das die Schreiber der Bibel mit Ehrfurcht erfüllte. Da wir nach dem Bilde Gottes geschaffen sind, haben auch wir diese Fähigkeit. Obwohl diese bei uns begrenzt ist, sahen die Schreiber der Bibel dennoch diese menschliche Fähigkeit als Grund zum Staunen und Lobpreis an. Nehmen wir zum Beispiel Psalm 139. Voller Ehrfurcht sinnt der Psalmist über die Größe von Gottes Denken und über seine Fähigkeit nach, alles zu wissen und sich an alles zu erinnern. Bald darauf kommt er auf sich selbst zu sprechen. Er ist voller Staunen darüber, wie der Schöpfer ihn gemacht hat. »Diese Erkenntnis ist mir zu wunderbar, zu hoch, als daß ich sie fassen könnte!... Ich danke dir, daß du mich wunderbar gemacht hast; wunderbar sind deine Werke, und meine Seele erkennt das wohl!« (Psalm 139,6.14).

Es ist erstaunlich, wie genau Gottes Wort ist. Bis zum heutigen Tage haben die brillantesten Wissenschaftler, Ärzte und Psychologen Schwierigkeiten, selbst vage Theorien über das Gedächtnis zu formulieren, und das, obwohl das Gedächtnis die Grundlage beinahe aller unserer menschlichen Handlungen ist.

Der erstaunliche Riese

Was ist dieser geheimnisvolle Vorgang, den wir Erinnerung nennen? Wie sind wir in der Lage, uns geistige Bilder von Orten und Menschen ins Gedächtnis zu rufen, auch wenn die Erlebnisse Jahre zurückliegen? Unsere unmittelbare Antwort lautet, daß die Vergangenheit irgendwo im Gehirn gespeichert ist. Aber damit haben wir nur ein Geheimnis mit einem anderen beantwortet! Denn trotz der großen Fortschritte der Forschung in den letzten fünfzig Jahren bleibt das Gehirn der unerklärlichste Teil unseres menschlichen Körpers. Als Reader's Digest seine berühmte Serie über die verschiedenen Teile und Funktionen des Körpers veröffentlichte, begann es mit dem Gehirn. Zusammen mit dem Herz und den Lungen bezeichnete der Artikel das Gehirn als *einen* der Riesen des Körpers. Wir wissen jetzt, daß es *der* Riese ist, denn man kann zwar mit künstlichen Herzen und Lungen am Leben erhalten werden, aber es gibt keinen Ersatz für das Gehirn. Rechtlich gesehen gilt ein Mensch als tot, wenn seine Gehirnaktivität aufhört. Es gibt Zeiten, zu denen die Gehirnaktivität sich verlangsamt oder zurückgeht, aber solange wir leben, hört sie niemals auf.

Das Gehirn selbst besteht aus ungefähr drei Pfund »verworrener Substanz, die in einem dunklen, warmen Platz eingeschlossen ist — eine rosa-graue Masse, ungefähr so groß, wie ein Softball — die sich feucht und gummiartig anfühlt« (»Our Human Body«, The Reader's Digest Association...). Wie eine Blume auf einem schlanken Stengel — dem Rückenmark — steht sie durch feinste Fasern selbst mit dem entferntesten Winkel und der entlegensten Ecke unseres Körpers in Verbindung, von den Wurzeln unserer Haare und Zähne bis zu unseren Fingerspitzen und Zehen. Es ist das Zentrum des kompliziertesten Kommunikationsnetzes der gesamten Schöpfung. Die Statistiken der medizinischen Wissenschaftler sind fast unglaublich. Man schätzt, daß es allein im Gehirn ungefähr dreizehn Milliarden Nervenzellen gibt. Die meisten dieser Zellen stehen in Verbindung mit 5000 anderen nahegelegenen Nervenzellen. Manche haben bis zu 50 000 solcher Verbindungen. Das Wort *astronomisch* ist nicht groß genug, um dies zu beschreiben, denn die Anzahl der Verbindungen in einem Gehirn übersteigt bei weitem die Anzahl der Sterne in allen Galaxien! Aber das ist nur der Anfang.

Die Informanten des Gehirns sind unsere Sinnesorgane, die wie Wachtposten an strategischen Punkten im gesamten Körper aufgestellt sind. Nehmen wir zum Beispiel die Haut. In ihr gibt es vier Millionen Einheiten, die für Schmerz empfindlich sind, 500 000, die auf Berührung oder Druck reagieren und weitere 200 000, die

die Temperatur überwachen. Außerdem gibt es noch die anderen großen Sinnesorgane – die Ohren, Nase und Zunge – nun beginnt man langsam, einen Eindruck zu gewinnen. Am einfachsten veranschaulicht man sich das Kommunikationsnetz des Gehirns, indem man sich tausende von Telefonschalttafeln vorstellt, von denen jede groß genug ist für eine Stadt wie New York oder London. Jeder Schaltkreis arbeitet mit voller Kapazität, erhält Anfragen und stellt in einem Sekundenbruchteil die richtige Verbindung her. Dieses Bild vermittelt nur einen schwachen Eindruck davon, was in unserem Gehirn vor sich geht, wenn wir den einfachsten täglichen Pflichten nachkommen – uns zum Beispiel die Adresse eines Freundes in Erinnerung rufen.

Ein wenig niedriger als Gott

All dies macht deutlich, warum die Erinnerung als Geheimnis bezeichnet wird. Denn obwohl die Erinnerung in diesem unbeschreiblichen Gehirnsystem verwurzelt ist, ist sie auch ein Teil des Denkens, das über dieses Netzwerk hinausgeht. Das menschliche Denken ist größer als das System, durch das es funktioniert, und unterscheidet sich von ihm. Wissenschaftler, die sich der Gehirnforschung zuwenden, erkennen bald, daß sie beginnen, sich mit philosophischen Theorien zu beschäftigen, die das rein Materielle weit überschreiten. Es stellen sich ihnen tiefgründige Fragen: »Wie kann das Gehirn, eine physische Substanz, mit dem Denken, einer nicht materiellen Realität, Verbindung aufnehmen und kommunizieren? Auf welche Weise ist es möglich, daß unsere Gefühle und unser Geist unseren Körper beeinflussen?«

Die Bibel ist kein wissenschaftliches Lehrbuch und gibt uns keine formalen Antworten auf solche Fragen. Stattdessen vermittelt sie uns eine Vorstellung von dem ganzen Menschen, wie Gott ihn geschaffen hat. Obwohl wir nach dem Bilde Gottes geschaffen sind, können wir ebensowenig alles über unser eigenes Denken erfahren, wie wir alles über Gottes Denken erfahren können. Wenn die Schrift von Leib, Seele und Geist spricht, geht sie selbstverständlich von der *Einheit* des Menschen aus. An keiner Stelle isoliert sie das Gehirn eines Menschen von dem Rest der Persönlichkeit, ebensowenig wie sie den Körper oder die Seele isoliert. Die Bibel betont stets die Ganzheit der Person.

Sind wir von dem Thema der Erinnerungen abgekommen? Nein, denn Erinnerungen sind Erfahrungen, die die gesamte Persönlichkeit miteinbeziehen und nicht einfach im Gehirn gespeicherte Bilder der Vergangenheit. Erinnerungen schließen Gefühle, Vorstellung, Denkmuster, Einstellungen und Neigungen zum Handeln ein, die die Bilder, die wir auf dem Bildschirm unseres Denkens sehen, begleiten. Auf diese Weise gebraucht die Bibel die Vorstellung des Erinnerns, das heißt, wie wir bewegt werden, uns an etwas zu erinnern. Wenn die Schrift uns befiehlt, des Herrn zu gedenken, heißt das nicht, daß wir einfach ein geistiges Bild von Gott vor Augen haben sollen, sondern es ist ein Befehl an die Gesamtpersönlichkeit, alle Gedanken und Handlungen auf Gott hin auszurichten. Das gleiche trifft zu, wenn die Bibel uns ermahnt, »unseres Schöpfers in den Tagen unserer Jugend zu gedenken« oder »Gedenke des Sabbattages, daß du ihn heiligst«. Das ist viel mehr als die einfache Aufforderung, sich geistigen oder geistlichen Übungen des Denkens und des Reflektierens hinzugeben. Es ist ein Appell an den ganzen Menschen, gewisse Prioritäten zu setzen und nach geistlichen Prinzipien des Glaubens und des Handelns zu leben.

Die ganzheitliche Vorstellung von der Erinnerung steht in völliger Übereinstimmung mit den neuesten Ergebnissen der Gehirn- und Verhaltensforschung. Die Tendenz geht jetzt dahin, den gesamten Körper gewissermaßen als eine Erweiterung des Gehirns zu sehen, beinahe so, als wäre jede Zelle des Körpers in sich eine Art Miniaturgehirn. Alles steht in Verbindung und miteinander in Beziehung. Vergleichbar mit dem Blutkreislauf fließen zwischen dem Gehirn und allen Teilen des Körpers Informationen und Befehle hin und her, und Antworten werden weitergegeben und empfangen. Die Einzigartigkeit des individuellen Menschens hängt damit zusammen, läßt sich aber nicht allein dadurch begründen.

In Psalm 8,5 lesen wir in alten Übersetzungen, daß Gott den Menschen »ein wenig niedriger gemacht hat als die Engel«, aber die neueren Übersetzungen geben es genauer wieder mit »du hast ihn wenig niedriger gemacht als Gott«. Es ist die bemerkenswerte Gabe der Erinnerung, die es uns ermöglicht, alles Wissen der Vergangenheit zu sammeln und es in unserer Vorstellung so umzusetzen, daß in unserem Denken neue und wundervolle Bilder von der Zukunft entstehen. Es ist nicht erstaunlich, daß der Psalmist in den darauffolgenden Versen über diese Beschaffenheit seines Wesens jubelt: »...mit Ehre und Schmuck hast du ihn gekrönt; ...alles hast du unter seine Füße gelegt; ...Herr, unser Herrscher, wie herrlich ist dein Name auf der ganzen Erde!« (Psalm 8,6-7.10).

Wo beginnen die Erinnerungen?

Der zweite Vers von Psalm 8 enthält die berühmten Worte: »...aus dem Munde von Kindern und Säuglingen hast du dir Lob bereitet.« Erst in den letzten Jahren haben wir die Wahrheit dieser Worte im Hinblick auf die Erinnerung erkannt. Immer wieder war ich erstaunt über die Auswirkungen, die schmerzhafte Erfahrungen aus der frühen Kindheit anscheinend auf die Erfahrung im Erwachsenenalter haben. Vor Jahren, als ich mit dem Dienst der inneren Heilung begann, war ich im Hinblick auf diese frühen Erinnerungen sehr skeptisch. Allmählich sah ich mich dann gezwungen, meine Zweifel aufzugeben. In einigen Fällen mußte ich sogar für Heilung einiger Erinnerungen beten, deren Ursprung nur vor der Geburt gelegen haben konnte. Ein junger Mann konnte von beinahe zwanghaften periodisch wiederkehrenden Depressionen, verbunden mit Selbstmordgedanken, nicht geheilt werden, bis seine Mutter ihm schließlich sagte, daß sie Zeuge des Selbstmordes eines Familienmitgliedes gewesen war, als sie im achten Monat schwanger war. Er hatte immer wieder von merkwürdigen und erschreckenden Todesszenen gesprochen, deren Ursprung wir nie ergründen konnten. Jetzt beteten wir, daß der Heilige Geist jeden bösen Einfluß heilen möge, den diese Erfahrung auf ihn gehabt hatte. Wir baten Gott, alle Wurzeln des Familienbaumes zu heilen und ihn von einem Baum des Todes in einen Baum des Lebens zu verwandeln. Das war der Anfang seiner Befreiung von Furcht und Depressionen.

Menschen, die als Kinder adoptiert wurden, müssen diese Tatsache innerlich akzeptieren. Dabei spielt es keine Rolle, ob ihre Eltern die wunderbarsten Eltern der Welt waren. Fast haargenau dasselbe sagte ich auch zu Maria, die eines Tages in meinem Büro saß. Gott hatte Wunder der Heilung in ihrem Leben gewirkt, aber es gab immer noch einige Gebiete, mit denen sie nicht zurechtkam. Maria liebte ihren Stiefvater sehr und hatte eine gute Beziehung zu ihm. Sie hatte ihren wirklichen Vater nie gekannt, da er vor ihrer Geburt gestorben war. Sie war eine brillante Studentin, scharfsinnig und logisch in ihrem Denken. Was ich zu ihr sagte, klang für sie ziemlich »aus der Luft gegriffen«. Aber sie willigte ein, das 12. Kapitel meines Buches »Heilung der Gefühle« zu lesen, in dem die Geschichte von Betty berichtet wird. So beschreibt Maria die schmerzliche, aber doch heilsame Erfahrung, die sie dabei machte:

»Plötzlich und ohne Warnung begannen mir die Tränen die Wangen herabzufließen, als ich die Geschichte von Betty las. Ihr Vater hatte sie verlassen, als sie dreieinhalb Jahre alt war. In einer Heilungssitzung mit Dr. Seamands hatte sie diesen schmerzvollen Schrei zu ihrem Vater zum Ausdruck gebracht (als ob sie wieder ein Kind wäre): 'O Vati, bitte, laß mich nicht allein!'

Als ich diese Worte las, identifizierte ich mich auf ganz persönliche Weise mit ihnen. Sie wurden lebendig und berührten etwas tief in meinem Inneren, etwas von dem ich gar nicht gewußt hatte, daß es da war. Es war so, als hätte ich sie vor über 22 Jahren noch im Leib meiner Mutter ausgesprochen. Sehen Sie, mein Vater starb drei Monate vor meiner Geburt an Krebs.

Ich verstand nicht richtig, was mit mir geschah, und beschloß, hinauszugehen und einen Spaziergang zu machen. Diese merkwürdigen Tränen und Gefühle waren zu stark, zu real, um ignoriert oder unterdrückt zu werden. Die ganze nächste Stunde verbrachte ich damit, in der Abenddämmerung langsam durch die Stadt zu wandern. Ich beschloß, mich allen Gefühlen, die in mir aufstiegen, zu stellen, und die Gefühle in bezug auf den Tod meines Vaters überwältigten mich. Ich war, gelinde gesagt, überrascht.

Es schien, als wäre ich tatsächlich wieder im Leib meiner Mutter, neben dem Krankenhausbett meines Vaters. Im Innern des Leibes kämpfte ich darum, gehört zu werden. Ich wollte, daß man irgendwie Notiz von mir nahm. Ich trat und kämpfte mit meiner ganzen Kraft, damit mein Vater mich sehen, mich berühren, mich umarmen, mich küssen, mir seine Liebe geben konnte, bevor er starb. Immer wieder sagte ich: 'Vati, bitte stirb nicht, bitte stirb nicht. *Bitte* stirb nicht. Du hast mich noch nicht einmal gesehen, du weißt noch nicht einmal, ob ich ein Junge oder ob ich ein Mädchen bin. Oh, bitte Vati, stirb nicht!'

Ich setzte meinen Spaziergang fort und die Tränen wollten einfach nicht versiegen. Zum ersten Mal in meinem Leben betrauerte ich den Tod meines Vaters. Bei dem Gedanken an seinen Tod hatte ich, als ich größer geworden war, schon ein paar Tränen vergossen, aber niemals hatte ich solch ein tiefes, echtes Gefühl in meinen Tränen und meinem Schmerz empfunden. Jetzt als Erwachsene durchlebte ich dieselbe Qual und denselben Kampf wie vor vielen Jahren, während ich im Leib meiner Mutter war.

Auch jetzt noch bin ich skeptisch, wenn ich mir vorstelle, daß ein Kind vor der Geburt den Tod des Vaters betrauert. Aber ich kann die Gedanken und Gefühle und die Heilung nicht verleugnen, die ich auf so unerwartete Weise erfahren habe. Diese Erfahrung war einfach zu tief, zu real, zu spontan, um verleugnet zu werden.«

Die Titelgeschichte des *Time Magazin* vom 15. August 1983 stand unter dem Thema: »Was wissen Babys? Wann wissen sie es?« Der Artikel berichtete von Hunderten von medizinischen und verhaltenspsychologischen Experimenten, die in den Vereinigten Staaten, in Frankreich, Österreich und in anderen Teilen der Welt durchgeführt wurden. Der Artikel beschrieb »eine enorme Kampagne, die sich zum Ziel gesetzt hatte, eines der faszinierendsten Rätsel des menschlichen Lebens zu lösen: Was wissen neugeborene Kinder, wenn sie auf diese Welt kommen? Und wie beginnen sie in den ersten Lebensjahren, dieses Wissen zu verarbeiten und zu gebrauchen? ... Die grundlegende Antwort, die wiederholt durch unzählige neue Versuche bewiesen worden ist, lautet: *»Babys wissen viel mehr, als gemeinhin angenommen wird. Sie*

16

sehen mehr, sie hören mehr, sie verstehen mehr, und sie sind genetisch darauf vorbereitet, sich mit jedem Erwachsenen anzufreunden, der sich liebevoll um sie kümmert« (Seite 52-53, Hervorhebung nicht im Original). Eine der wichtigsten Ergebnisse dieser Studien ist der überzeugende Beweis, daß ein Säugling, lange bevor er zu sprechen beginnt, denken, lernen und sich erinnern kann. In dem Artikel heißt es weiter: »Der Intellekt funktioniert, lange bevor die Sprache als Werkzeug zur Verfügung steht... Babys entwickeln eine wichtige Fähigkeit, Kategorien zu erkennen. Früher nahm man an, daß die Voraussetzung hierfür die Sprache sei — wie kann das nicht zu Bezeichnende identifiziert werden? Aber Babys können Wahrnehmungen offenbar ohne Kenntnis von Worten kategorisieren.« Der Artikel zeigt, wie überaus früh Kinder ihre eigene ungesprochene Sprache der Formen, Geräusche, Farben, Gerüche und die Sprache der Reaktionen und Beziehungen im zwischenmenschlichen Bereich erlernen. *Sie erinnern sich an eine erstaunliche Vielzahl von Einzelheiten, lange bevor sie sprechen können oder über Worte verfügen, um Gegenstände oder Menschen zu bezeichnen.*

Wie weit können wir die Grenzen der Erinnerung zurückverlegen? Der Time-Artikel behauptet: »Die Suche nach Daten wird ständig weiter zurückverlegt — von der Kindheit zum frühesten Säuglingsalter und *sogar vor den Zeitpunkt der Geburt*« (Seite 53, Hervorhebungen nicht im Original).

Dr. Thomas Verny, ein kanadischer Neurologe und Psychiater, argumentiert in seinem Bestseller »*The secret life of the unborn child*« stark dafür, daß Erinnerungen bis vor die Geburt zurückreichen. Dr. Verny verfolgt die Entwicklung des Kindes im Mutterleib und kommt zu dem Schluß: »Die ersten kleinen Gedankensplitter lassen sich im Gehirn des Fötus irgendwann in den letzten drei Monaten der Schwangerschaft feststellen, obwohl der genaue Zeitpunkt schwer zu bestimmen ist. Einige Untersuchungen kommen zu dem Ergebnis, daß ein Kind sich vom sechsten Monat an erinnern kann, andere behaupten, daß das Gehirn die Fähigkeit zur Erinnerung erst im achten Monat erwirbt. Es besteht jedoch kein Zweifel daran, daß das ungeborene Kind sich erinnert oder daß es Erinnerungen im Gedächtnis behält... Wir können daraus schließen, daß vom sechsten Monat nach der Empfängnis das Nervensystem mit Sicherheit in der Lage ist, Botschaften zu erhalten, zu verarbeiten und zu verschlüsseln. Die neurologische Erinnerung ist mit großer Wahrscheinlichkeit vom Beginn der letzten drei Schwangerschaftsmonate an vorhanden, zu einem Zeitpunkt, an dem die meisten Babys bei einer Frühgeburt mit Hilfe von Brutkästen überleben können« (Summit Books, Seite 172 und 191). Dr. Verny belegt seine Behauptungen durch eine Vielzahl von interessanten Beispielen von Erinnerungen vor der Geburt und im frühen Säuglingsalter.

Für viele von uns mag das weit hergeholt klingen, aber unsere Großeltern sahen das anders. Sie nahmen Einflüsse vor der Geburt als eine Tatsache hin, obwohl sie diesen Glauben manchmal bis ins Lächerliche übersteigerten. Ich kann mich immer noch daran erinnern, wie meine Großmutter einem Nachbarn gegenüber meinte, den Grund gefunden zu haben, weshalb ein gewisser kleiner Junge am Ende der Straße eine lange häßliche Nase hatte. Seine Mutter habe nämlich den Zoo zu oft besucht und zu viel Zeit damit verbracht, die Elefanten zu beobachten! Dennoch entdekken wir immer mehr, daß viele dieser Altweibergeschichten ein Körnchen Wahrheit enthalten. Die meisten primitiven Völker sind sorgsam darauf bedacht, Frauen während der Schwangerschaft von erschreckenden Erlebnissen fernzuhalten.

In einer sorgfältig überwachten Studie von 2000 Frauen während ihrer Schwangerschaft und Geburt kam Dr. Monika Lukesch von der Universität in Frankfurt a.M. zu dem Schluß, daß die Einstellung der Mutter zu ihrem Baby der wichtigste einflußnehmende Faktor auf das Wesen des Säuglings ist. Ebenso wichtig ist Dr. Lukeschs Beobachtung, daß die Beziehung einer Frau zu ihrem Ehemann unter den maßgeblichen Faktoren den zweiten Platz einnimmt und entscheidende Auswirkungen auf das ungeborene Kind hat.

Dr. Gerhard Rottmann von der Universität Salzburg kam zu einem sehr ähnlichen Schluß. Er zeigte sogar, daß das ungeborene Kind zu sehr feinen gefühlsmäßigen Unterscheidungen in der Lage ist. Das wird auch durch den biblischen Bericht vom Besuch der Jungfrau Maria bei ihrer Cousine Elisabeth illustriert. Als Maria ihr von dem Besuch des Engels und dem verheißenen Messias erzählt, ruft Elisabeth voller Freude aus:»Denn siehe, sowie die Stimme deines Grußes in mein Ohr drang, hüpfte das Kind vor Freude in meinem Leibe« (Luk. 1,44). Wir sollten uns davor hüten, das Gebiet des Bewußtseins vor der Geburt überzubetonen, denn unser Wissen darüber ist immer noch sehr bruchstückhaft. Es liegt mir lediglich daran, darauf hinzuweisen, wie wunderbar all diese Zusammenhänge sind und deutlich zu machen, daß wir uns im Zusammenhang mit der Heilung der Erinnerungen in einigen Fällen mit Faktoren beschäftigen müssen, die vor der Geburt liegen.

Gott sprach zu dem jungen Jeremia davon, daß er ihn schon vor der Geburt berufen hatte:»Ehe denn ich dich im Mutterleibe bildete, kannte ich dich, und bevor du aus dem Mutterschoße hervorgingst, habe ich dich geheiligt« (Jer. 1,5). Dadurch, daß er ihn erinnerte, bestätigte Gott Jeremias Berufung und Auftrag als Prophet. Mit Sicherheit ist derselbe Gott, der diese bemerkenswerte Macht der positiven Erinnerungen einsetzte, auch in der Lage, die Narben und Verletzungen schmerzlicher Erinnerungen zu heilen, gleichgültig, wie lange sie zurückliegen.

Trotz des überwältigenden Geheimnisses der menschlichen Erinnerung gibt es einen Aspekt der göttlichen Erinnerung, der noch unglaublicher ist. Es ist Jeremia, der ganz deutlich zu uns darüber spricht:»...denn ich will ihre Missetat vergeben und ihrer Sünde nicht mehr gedenken!« (Jer. 31,34). Wie kann ein allwissender Gott sich an etwas nicht erinnern? Dieser Vers findet sich in einer Passage über den Neuen Bund, von dem wir jetzt wissen, daß er das Kreuz und all das, was Gott in Christus getan hat, um unsere Sünden auszulöschen, zum Inhalt hat. Vielleicht hat Gott selbst eine Erfahrung der Heilung der Erinnerungen gemacht, so daß er, was das größte aller Wunder ist, mit seiner Vergebung auch gleichzeitig tatsächlich vergißt. Mit Sicherheit stehen wir hier vor einem großen Geheimnis, das uns vom Staunen hinein in den Lobpreis führt!

2. Kapitel

Was bedeutet Heilung der Erinnerungen?

Leider wird der Begriff Heilung der Erinnerungen heutzutage ganz verschieden angewandt. Viele Christen betrachten ihn als eine Art von schnellem Allheilmittel, als kurzen Weg zu gefühlsmäßiger und geistlicher Reife. Andere bezeichnen ihn als unbiblisch und sogar schädlich. Ich kann ihre Ängste gut verstehen. Meine eigene Erfahrung auf diesem Gebiet hat mich gelehrt, daß es keinen Bereich gibt, wo der Weizen und das Unkraut dichter beieinander stehen als in der Psychologie. Da diese Wissenschaft noch in den Kinderschuhen steckt, begegnet man dort allen möglichen Arten von neu entstehenden Theorien und Ansätzen. Erst in jüngster Zeit sind die Einsichten und erwiesenen Erkenntnisse der Psychologie in Verbindung mit einem wahrhaft christlichen Ansatz in die Seelsorge integriert worden. Es ist wichtig, sich klarzumachen, daß alle Wahrheit Gottes Wahrheit ist, gleichgültig, ob man sie am Tisch des Herrn oder im Reagenzglas des Labors entdeckt. Unser Standpunkt bleibt ausgewogen, wenn wir alle Erkenntnisse beständig durch das Sieb des Wortes Gottes laufen lassen.

Die Heilung der Erinnerungen ist eine Form der christlichen Seelsorge und des Gebets, in der die heilende Kraft des Geistes auf verschiedene Arten von gefühlsmäßigen und geistlichen Problemen gelenkt wird. Es ist eine, aber nicht die einzige Form solcher Dienste und sollte nie zur ausschließlichen Methode erklärt werden, denn solch eine Überbetonung führt zur Übertreibung und zum Mißbrauch. Es ist sehr wichtig, daß christliche Mitarbeiter sowohl ausreichende Kenntnis als auch ein vom Heiligen Geist geleitetes Unterscheidungsvermögen besitzen, um zu wissen, wann es das geeignete Werkzeug des Geistes für die Heilung ist. Eines der Hauptziele dieses Buches besteht darin, Seelsorgern und anderen christlichen Mitarbeitern bei der Entscheidung zu helfen, wann sie es einsetzen können und wann nicht.

Gewöhnlich spielt sich die Heilung der Erinnerungen in drei Phasen ab. Sie sind nicht in allen Fällen voneinander getrennt und gehen manchmal ineinander über. Um jedoch das Prinzip zu verdeutlichen, werden wir sie getrennt betrachten.

Die Seelsorge

Gott kann eine andere Person oder eine Gruppe gebrauchen, um die Einsichten zu vermitteln, zu denen wir aus uns selbst heraus nicht gelangen können. Seelsorge ist oft notwendig, um die verborgenen Verletzungen, die unbefriedigten Nöte und die unterdrückten Emotionen aufzudecken, die uns daran hindern, zur Wahrheit durchzudringen, die uns freimacht. In vielen Fällen kann es nicht zu einer wahren Heilung und zu geistlichem Wachstum kommen, bis wir von schmerzlichen Erinnerungen und schädlichen Denkmustern befreit sind, die sich auf unsere gegenwärtigen Einstellungen und unser Verhalten negativ auswirken.

Als ich in meinem Büro eines Nachmittags ans Telefon ging, konfrontierte mich die nervöse Stimme eines Mannes unmittelbar mit einer Konfliktsituation: »Wir haben Eheprobleme«, sagte er ein wenig schroff, »kann ich meine Frau zu Ihnen schicken?« Ich habe im allgemeinen die Erfahrung gemacht, daß Termine, die von jemand anderem arrangiert werden, keine besonders guten Resultate bringen. Doch bald versicherte mir eine weibliche Stimme am anderen Ende der Leitung, daß sie ihren Ehemann gebeten hatte, die Initiative zu ergreifen. Einige Tage später erzählte mir Ruth von einer Ehekrise, von einem plötzlichen Mangel an Zuneigung für ihren Ehemann, der Pastor war. Sie berichtete von einem ganzen Spektrum von körperlichen und gefühlsmäßigen Schwierigkeiten, die sie offensichtlich bis an den Rand des Zusammenbruchs getrieben hatten. Ich spürte aus ihren Worten jedoch auch eine tiefe Hingabe an Gott und an ihre Ehe. Die Geschichte von Ruths Kindheit klang wie ein Lehrbuchfall für Heilung der Erinnerungen — ein zerrüttetes Elternhaus, verschiedene Fälle von sexuellem Mißbrauch durch Familienmitglieder, Krankheit und Armut in der Familie, in einem sehr frühen Alter

Überbelastung durch Arbeit und Verantwortung. Es war, als hätte sich plötzlich eine Pandorabüchse voller schmerzlicher Erinnerungen geöffnet und ihr gegenwärtiges Unheil verursacht.

Als wir jedoch die Einzelheiten ihrer tragischen und elenden Kindheit durchgingen, war ich sehr beeindruckt von der Reife, mit der sie all das überwunden hatte. Sexuelle Traumata und schmerzliche Erfahrungen hatten sie nicht davon abgehalten, ganz weiblich zu sein und völlig normal auf ihren Mann einzugehen. Ihre frühen Erfahrungen, so schmerzlich sie auch gewesen waren, hatten sogar dazu beigetragen, daß sie ihren Kindern eine bessere Mutter sein konnte. Am Ende wurde deutlich, daß sie gar keine Heilung von diesen Verletzungen ihrer Vergangenheit brauchte. Eine Bekehrung in frühem Teenageralter und eine liebevolle Gemeinde hatten es ihr ermöglicht, sich auf bemerkenswerte Weise mit ihrer Vergangenheit zu versöhnen.

Wir entdeckten, daß das wirkliche Problem in einer tiefsitzenden Bitterkeit bestand, die sie vor einigen Jahren in ihrem Herzen hatte Wurzeln schlagen lassen. Ihr Ehemann hatte nämlich erst ziemlich spät in seinem Leben die Berufung zum Predigtdienst verspürt. Das bedeutete, daß er eine lukrative Stelle aufgeben mußte und so Ruth einige finanzielle Opfer aufgezwungen wurden. Sicherlich hatte dies ihre frühe Angst vor der Armut wieder zum Leben erweckt und hatte ihren Groll noch verstärkt. Aber der eigentliche Kern ihrer Schwierigkeiten war ihr gegenwärtiges Gefühl ihrem Ehemann gegenüber. Ganz allmählich hatte sie es zugelassen, daß dies ihre Handlungen beeinflußte, so daß sie ihn aus ihrem Leben ausgegrenzt und ihn auch für andere Dinge verantwortlich gemacht hatte, die damit überhaupt nicht in Zusammenhang standen. Das hatte den gegenseitigen Austausch in ihrem bis dahin gesunden Liebesverhältnis gehemmt, so daß die gesamte Beziehung schwer darunter litt. Sie mußte die Abscheulichkeit ihres sündhaften Grolls und der raffinierten Art, auf die sie es ihm auf vielerlei Weise heimgezahlt hatte, erkennen. Durch Sündenbekenntnis und Gebet fand sie die Gnade, ihm zu vergeben und ihrerseits die Vergebung für ihre falsche Einstellung und ihr verletzendes Verhalten anzunehmen. Als die Eheleute all dies voreinander aussprachen, war Gott in seiner Liebe in der

Lage, die Barrieren einzureißen und beiden eine neue tiefe Liebe füreinander zu schenken.

Ich habe bewußt ein Beispiel gewählt, in dem durch Seelsorge aufgedeckt wurde, daß die Heilung der Erinnerungen nicht erforderlich war, um die Notwendigkeit persönlicher Seelsorge herauszustellen. Es ist oft schwer zu entscheiden, ob Heilung der Erinnerungen nötig ist. An diesem Punkt habe ich viele Vorbehalte gegen den Gebrauch von emotioneller geistlicher Heilung bei größeren Gruppen von Menschen oder bei Massenversammlungen. Einige Geistliche haben dies praktiziert, und ich möchte keinesfalls Gottes Macht eingrenzen. Ich weiß, daß er Predigten über innere Heilung gebraucht, um innere Nöte aufzudecken, und das ist in gewisser Hinsicht als Massenseelsorge zu bezeichnen. Ich habe auch einige wunderbare Heilungswunder gesehen, die in dieser Art von öffentlichem Gottesdienst ihren Anfang nahmen. Aber ich habe starke Vorbehalte dagegen, eine ganze Zuhörerschaft in diesen Prozeß hineinzuführen. Wie so viele Dinge, die heutzutage auf dem Gebiet der Heilung stattfinden, ähnelt eine solche Vorgehensweise mehr der Magie als einem Wunder. Sehr selten sieht man dauerhafte und bleibende Resultate mit echten Veränderungen in bezug auf Einstellungen und Beziehungen, denen nicht der Prozeß mit allen seinen drei Phasen vorausging, die wir hier beschreiben. In der ersten Phase öffnet man sich einem Seelsorger, einem Pastor oder einem vertrauten Freund. »So bekennet denn einander die Sünden und betet füreinander, damit ihr geheilt werdet!« (Jak. 5,16).

Gezieltes Heilungsgebet

Das ist eines der entscheidenden Merkmale der Heilung der Erinnerungen. Damit der Heilige Geist die Barrieren, die uns von einem gesunden Leben trennen, durchbrechen kann, wird das Gebet als ein Gespräch mit Gott in den Mittelpunkt gestellt. Dabei liegt die Betonung auf bildlicher Vergegenwärtigung, auf der Vorstellungskraft und auf einem zielgerichteten Sichzurückversetzen in eine spezifische Situation, die die schmerzliche Erinnerung hervorgerufen hat. Wichtig ist auch ein tiefer, mitfühlender Glaube auf Seiten des Gebetspartners.

In diesem besonderen Gebet erlauben wir dem Heiligen Geist, uns an den Zeitpunkt der damaligen Erfahrung zurückzuführen und mit uns diese schmerzlichen Erinnerungen zu erleben. Dann werden wir durch die Anwendung unserer vom Heiligen Geist geleiteten Vorstellung beten, als ob wir uns wirklich zu dem Zeitpunkt an dem Ort befänden, wo das Ereignis stattgefunden hat, und werden es zulassen, daß Gott uns die Hilfe entgegenbringt, die wir damals benötigten.

Diese Gebetszeit ist das Herzstück der Heilung der Erinnerungen. Im Gebet beginnt das Heilungswunder. Ohne das Gebet wäre der ganze Prozeß vielleicht nur eine Form der Autosuggestion, der Katharsis oder der Gefühlstherapie. Diese besondere Gebetszeit kann nicht umgangen werden, wenn man bleibende Erfolge erzielen will.

Manchmal erhalten wir nicht das, worum wir bitten, weil wir um die falschen Dinge und aus den falschen Motiven heraus beten (Jak. 4,2-3). Es ist wichtig, daß unser Gebet zielgerichtet ist. Eines der Wunder, das oft in dieser besonderen Gebetszeit stattfindet, ist die Erfahrung, daß der Heilige Geist unser Seelsorger wird, der uns klarmacht, wofür wir beten sollen, und der die Motive des Gebetes reinigt. Oft beginnen wir, indem wir über die Erinnerung eines bestimmten Ereignisses oder über eine bestimmte Beziehung beten, weil wir annehmen, daß hier der Kern des Problems liegt. Dann deckt während dieser Gebetszeit der Heilige Geist diese äußere Schicht ab, eröffnet uns tiefere Ebenen unseres eigenen Denkens und hilft uns, das wirkliche Problem zu entdekken. Von diesem sehr wichtigen Punkt wird später noch ausführlich die Rede sein. Wir sind als Menschen von Natur aus gefallene Wesen und legen gegenüber Menschen, die uns verletzt haben, sündhafte Reaktionen an den Tag. Daher entwickeln wir oft eine sehr selektive Erinnerung, das heißt, unsere Erinnerung an gewisse Vorfälle kann aufgrund der Intensität der damit verbundenen Emotionen verzerrt werden. Erinnern Sie sich an die im ersten Kapitel beschriebenen Verbindungen der Synapsen, die die elektrochemischen Impulse weitergeben und so die Information zum

Gehirn senden? Davon gibt es Hunderte, in denen *Informationen vor, während und nach ihrem Empfang geändert werden können.* Unsere Einstellungen, Gefühle und unser Geist spielen bei der Verarbeitung der Erinnerungen eine große Rolle. Sie können uns oft in die Irre führen, wenn es darum geht, zu Einsichten zu gelangen, die für die Heilung notwendig sind. Daher sind Jesu Worte in bezug auf die Wahrheit so entscheidend:»Ihr werdet die Wahrheit erkennen, und die Wahrheit wird euch frei machen« (Joh. 8,32). Am liebsten bezeichnete er den Heiligen Geist als »Geist der Wahrheit« (Joh. 14-16). Manchmal, wenn wir in der Seelsorge an Grenzen stoßen, richtet sich der Heilige Geist wie ein großer Laserstrahl auf das wahre Problem und strahlt sein heilendes Licht darauf.

Jack war ein junger Mann in den Dreißigern, ledig, attraktiv und in einer guten Stellung. Seit einiger Zeit litt er unter Anfällen von Depressionen. Obwohl er schon seit vielen Jahren Christ war, war er stets von einem allgemeinen Schuldgefühl erfüllt, das es ihm schwermachte zu glauben, daß Gott ihn wirklich liebte. Er beschrieb seine Gefühle folgendermaßen:»Ich bin durch unsichtbare Ketten gebunden; ich bitte Gott immer wieder, sie zu durchbrechen, aber ich habe das Gefühl, daß er es nicht tut — nicht für *mich.* Ich habe das Gefühl der Hoffnungslosigkeit, der Wertlosigkeit.« Er berichtete mir von seinen offensichtlichen Fähigkeiten in künstlerischer und musikalischer Hinsicht:»Viele Leute sagen mir, daß ich sehr großes Talent habe. Ich würde es gerne für den Herrn einsetzen, aber ich verkrampfe mich und kann meine Talente dann nicht zum Ausdruck bringen. Daher werde ich wütend auf mich selbst und habe den Eindruck, daß auch Gott von mir enttäuscht ist.« An seiner Arbeitsstelle fiel es ihm schwer, sich und seine Rechte durchzusetzen. Daher nutzten ihn sein Chef und seine Kollegen auf unfaire Weise aus. Sie sagten ihm das sogar ganz offen. Warum ließ er dies zu? »Ich habe Angst, daß ich sonst noch mehr abgelehnt werde als *früher.«* Mir fiel auf, daß er von der Vergangenheit sprach und fragte ihn, was er damit meinte. In den nächsten Gesprächen erzählte er mir von seinem Elternhaus, das von ständiger Ablehnung, Herabsetzung und sogar von körperlichen Mißhandlungen geprägt gewesen war. Am schlimmsten war unter anderem die Erinnerung daran, nachts von seinem Vater aus dem Schlaf gerissen zu werden, der ihn anschrie und auf ihn einschlug. Das geschah oft nur wenige Stunden nach einer abendlichen Zeremonie vor dem Schlafengehen, bei der er eine Geschichte über sein eigenes Fehlverhalten erfinden mußte, nur um die ständigen Anschuldigungen seines Vaters zu bestätigen! Seine Mutter hatte Anfälle, bei denen sie schrie, mit Gegenständen um sich warf und Wertsachen zertrümmerte. In seinem Elternhaus herrschte eine Atmosphäre der ständigen Unsicherheit, bei der man nie sicher sein konnte, was als nächstes geschehen würde.

In unserer Unterhaltung hatte es zunächst den Anschein, als richteten sich die meisten seiner Gefühle gegen seine Eltern. Gelegentlich erwähnte er eine ältere Schwester, aber nur beiläufig. Jedoch während des Heilungsgebetes änderte sich das grundlegend, und ein großer Strom der Wut gegen seine Schwester brach hervor. Sie nahm in dieser irrationalen Familie eine eigenartig privilegierte Stellung ein und hätte sich bei unzähligen Gelegenheiten schützend vor Jack stellen und ihn dadurch vor viel Leid bewahren können. Stattdessen hatte sie ihm noch mehr Leid zugefügt. Jedesmal wenn sie ihn ihren Freunden vorstellte, meinte sie sarkastisch: »Nehmt keine Notiz davon, was Jack tut — er ist geistig zurückgeblieben.« Nicht nur seine Eltern, auch seine Schwester machten ihm ständig Vorhaltungen und verschlimmerten seine Lage dadurch nur noch mehr. Nachdem sie beide ihr Elternhaus verlassen hatten, sprach Jack einmal mit ihr über die Tatsache, daß er nie irgendwelche körperliche Zuneigung erhalten hatte. Er war tief verletzt, als sie nicht mit Verständnis oder Trost reagierte, sondern nur wütend sagte: »Was erwartest du denn jetzt von mir, etwa daß ich dich umarme?« Als der Heilige Geist begann, einige der tiefen Seufzer zu erklären, die aus der Grube seiner schmerzvollen Erinnerungen aufstiegen (Röm. 8,26-27), wurde deutlich, daß dies der Punkt war, an dem Jack am meisten Heilung brauchte. Es fiel ihm viel schwerer, seiner Schwester zu vergeben als seinen Eltern. Erst nachdem er lange Zeit mit seinen feindseligen Gefühlen gerungen und es dann dem Heiligen Geist erlaubt hatte, sie »wie Blutegel von seinem Herzen zu reißen«, konnte er ihr vergeben und seinerseits Gottes Vergebung für die Jahre der verborgenen Bitterkeit empfangen. All dies war das Ergebnis des Gebets. Schließlich ist ja der Heilige Geist der wahre Seelsorger, der uns in alle Wahrheit führt.

Gleichgültig, ob die Gebetszeit uns zu neuen Einsichten gelangen läßt, sie schenkt uns stets neue Kraft. Es ist diese Kraft, die dafür sorgt, daß die Heilung der Erinnerungen mehr ist als nur eine Form der Therapie, in der Menschen sich »selbst psychisch durchleuchten« und »sich gut fühlen«. In der Gebetszeit dringt die Kraft Gottes selbst wie eine Sonde in die tiefsten Ebenen unserer Persönlichkeit ein. Viele hundert Mal haben mir Menschen danach gesagt: »Ich war mir wirklich nicht sicher... ich fühlte mich verändert und neu, aber ich war skeptisch. Würde es andauern? Würde meine Haltung anders sein, wenn ich der Person, die mich verletzt hatte, gegenüberstehen und mich wieder in dieser Situation befinden würde? Ja, ich habe herausgefunden, daß ich wirklich geheilt worden bin. Gott hat es getan, und wenn ich zurückblicke, wird mir klar, daß all dies geschah, während wir miteinander gebetet haben.« Diese Erfahrung führt gewöhnlich zu einem Gebet der Danksagung und des Lobpreises.

Die Zeit nach dem Gebet

Die schmerzlichen Erinnerungen müssen in bezug auf das gegenwärtige Leben verarbeitet und neu gewertet werden. Während dieser Zeit arbeiten der Betroffene, der Seelsorger und der Heilige Geist gemeinsam daran, falsche Einstellungen und Verhaltensmuster umzuprogrammieren, um bleibende Veränderungen sicherzustellen. Das letztendliche Ziel besteht hier nicht darin, lediglich die Schmerzen der Vergangenheit zu lindern oder eine Ebene geistiger und gefühlsmäßiger Gesundheit zu erreichen. Angestrebt wird ein Wachstum, bei dem wir Christus immer ähnlicher werden und ein Werk der Heilung und des wahren geheiligten Lebenswandels in uns stattfinden kann. Dann wird der »geheilte Helfer« in der Lage sein, seine schmerzlichen Erfahrungen zu einem Instrument des Segens für das Leben anderer werden zu lassen.

Manchmal erfordert diese Zeit nach dem Gebet viel harte Arbeit, denn *durch die Heilung der Erinnerungen sind wir nicht automatisch wie Computer auf perfekten Lebenswandel und garantiert veränderte Verhaltensformen programmiert.* Das wirklich Verhängnisvolle an den quälenden Erinnerungen besteht nicht einfach in dem starken Schmerz, den wir durch sie erleiden, oder in den kraftvollen Erschütterungen der Vergangenheit, die unser Inneres aufwühlen. Es ist vielmehr die Tatsache, daß *wir uns aufgrund der Schmerzen und der Erschütterungen falsche Methoden der Lebensbewältigung und des Umgangs mit anderen Menschen zu eigen gemacht haben, bis schließlich diese falschen Verhaltensweisen zur Grundlage unserer Persönlichkeitsstruktur, zu unserem Lebensstil geworden sind.* Diese Verhaltensmuster müssen durch die heiligende Macht des Geistes Gottes geändert werden, die unseren Alltag durchdringt. Der Unterschied besteht jetzt darin, daß wir von den Schmerzen, den Erschütterungen und den Zwängen der Vergangenheit befreit sind.

3. Kapitel

Warum bedürfen einige Erinnerungen der Heilung?

Ein unbekannter Autor hat einmal gesagt: »Erinnerung ist die Fähigkeit, im Winter Rosen zu pflücken.« Dieses Zitat bezieht sich offensichtlich auf den freudigen Aspekt schöner Erinnerungen. Sprüche 10,7 sagt dazu: »Das Gedächtnis des Gerechten bleibt im Segen.« Paulus schrieb den Philippern in Kapitel 1,3: »Ich danke meinem Gott, so oft ich euer gedenke, ...« Glückliche Erinnerungen wie diese waren wahrhaftig für Paulus wie Rosen im Winter. Sie brachten Farbe und Wärme in die feuchte und trostlose Atmosphäre des römischen Gefängnisses, wo Paulus zu der Zeit, als er den Brief schrieb, als Gefangener lebte.

Einmal hielt ich einen Gottesdienst für emotional gestörte Menschen in einem Krankenhaus. Der Geistliche hatte mir einiges aus dem Vorleben der einzelnen erzählt: Armut, Arbeitslosigkeit, ein häufiges Auftreten von Kindesmißhandlung, Alkoholismus und Familientragödien. In meiner Botschaft sprach ich über Gottes Gnade, die sie trösten und die emotionalen Wunden heilen konnte, die zu ihrem Zusammenbruch beigetragen hatten. Am Ende des Gottesdienstes gab ihnen der Geistliche die Gelegenheit, eines ihrer Lieblingslieder zu wählen. Ich war überrascht, als einige ein bekanntes Gospellied vorschlugen, das von glücklichen, bleibenden Erinnerungen spricht. Inmitten ihres überwältigenden inneren Schmerzes ließen sie nichts unversucht, um sich nur an die Rosen ihrer Vergangenheit zu erinnern. Aber ihr körperlicher und emotionaler Zustand war der lebende Beweis für ihre Weigerung, die vielen Dornen dieser Rosen zu sehen und zu akzeptieren.

Die Zeit heilt alle Wunden –
ist das wirklich so?

Es ist an der Zeit, daß wir eine der großen Mythen über Heilung – den Mythos, daß die Zeit alle Wunden heilt – einmal genauer betrachten. Der Fehler liegt hier in dem Wort *alle*. Es stimmt, viele Wunden heilen mit der Zeit von selbst. Wenn der Geist des Menschen den Schmerz zum Zeitpunkt des Erlebnisses bewußt ertragen kann, dann wird auch die Intensität der schmerzvollen Erfahrung mit der Zeit abnehmen. Nach gewisser Zeit wird nur die Erinnerung an erlittenes Leid bleiben. Der Schmerz wird immer noch in der Erinnerung vorhanden sein, aber er wird erträglich sein. Es wird gewissermaßen wie eine erfolgreiche Operation verlaufen, die nicht zur Entzündung führt. So etwas kann natürlich sehr schmerzhaft sein, aber es heilt allmählich ohne Komplikationen. Eines Tages wird uns nur eine empfindliche Narbe an das Leid erinnern, durch das wir gegangen sind. *Ja, die Zeit kann alle schmerzvollen Erinnerungen heilen, die nicht unterdrückt wurden und daher nicht infiziert sind.*

Aber die Zeit allein kann nicht solche Erinnerungen heilen, die so schmerzhaft sind, daß das Denken der Person sie nicht ertragen kann. Es hat sich gezeigt, daß solche Erfahrungen auch zehn oder zwanzig Jahre später immer noch so lebendig und schmerzvoll sind wie zehn oder zwanzig Minuten, nachdem sie aus dem Bewußtsein verdrängt wurden. Dinge, denen man sich nicht stellen kann und die man nicht ertragen kann, werden verleugnet. Wir wollen das anhand eines Extremfalles veranschaulichen und damit aufzeigen, welch ein wundervolles Schutzsystem Gott in uns Menschen eingebaut hat, um eine seiner kostbarsten Gaben an uns zu schützen – unser Denken. Menschen, die in einen schweren Autounfall verwickelt wurden, können sich so gut wie nie an den Augenblick des Aufpralls erinnern. An diese entsetzliche Erfahrung des Schmerzes, die sich blockierend und brandmarkend in das Denken einprägt, kann sich kaum ein Betroffener erinnern. Sie erinnern sich oft an viele Dinge, die diesem Moment unmittelbar vorausgingen. Sie sagen: »Ich konnte erkennen, daß wir auf die Brücke auffahren würden.« Oder: »Ich erinnere mich, wie der Lastwagen auf uns zukam.« Oder: »Ich kann es noch vor mir sehen, wie wir auf den Abhang zusteuerten.« Aber sie können sich nicht daran erinnern, wie sie die Windschutzscheibe durchbrachen oder aus dem Auto geschleudert wurden oder gegen den Pfeiler prallten. Seien wir Gott dankbar, daß sie es nicht können! Können Sie sich vorstellen, wie es sein müßte, ein Leben lang ständig in der Erinnerung ein solches geistiges Bild gespeichert zu haben? Solch ein Mensch könnte seine geistige Gesundheit nicht erhalten. Er wäre nicht in der Lage, den überwältigenden emotionalen Schmerz zu ertragen, der mit solch einer Erinnerung verbunden ist. Daher hat Gott in seiner Gnade eine Art von geistiger und emotionaler Sicherung in uns eingebaut, die ganz einfach durchbrennt, wenn die Schaltkreise überlastet sind.

Diese Veranschaulichung enthält sowohl die körperlichen als auch die emotionalen Faktoren, die es uns erleichtern zu verstehen, wie und warum die Sicherung durchbrennt. Geistiger Schmerz kann ähnliche Ergebnisse hervorrufen. Ich werde niemals das traurige und erstaunte Gesicht eines Veteranen des Koreakrieges vergessen, der vor einigen Jahren im Fernsehen erschien. Seine schmerzvollen Erfahrungen durch Kampf und Kriegsgefangenschaft hatten dazu geführt, daß er ohne irgendwelche Indentifikationsmittel zurückblieb und unter beinahe vollständiger Amnesie litt. Er konnte sich noch nicht einmal an seinen eigenen Namen und seine persönliche Identität erinnern. Wir fühlten alle mit ihm, als er in die Fernsehkamera blickte und uns, die Zuschauer, fragte: »Kann mir irgend jemand sagen, wer ich bin?« Glücklicherweise erlangte er, wie viele andere, sein Erinnerungsvermögen zurück.

Unterdrückte Erinnerungen

Manchmal können Schwerverbrechen aufgeklärt werden, wenn sich Menschen an lange vergessene Vorfälle erinnern und dadurch wichtige Hinweise geben können. Die Nachrichtenagentur Associated Press berichtete in unserer lokalen Zeitung am 21. Dezember 1979 von folgendem Vorfall: »Wiedererlangte

Erinnerung — Frau gibt entscheidenden Hinweis auf den 35 Jahre zurückliegenden Mord an ihrem Vater. Vor 35 Jahren verschwand Edward Leon Cameron. Sheriff Dave Barrington ging dem Fall letzte Woche noch einmal nach und deckte einen bizarren Mordfall auf, der bis dahin im Unterbewußtsein einer Frau seit ihrer Kindheit verschüttet gewesen war.

Jahrelang war sich Mrs. Perry der Tatsache nicht bewußt gewesen, daß etwas Unvorstellbares, etwas, was zu schrecklich war, um daran zu denken, in ihrer Erinnerung unterdrückt wurde. Aber laut Darrington tauchte es im Laufe einer Behandlung auf...

Es geschah am 8. April 1944, Annie Blue Camerons zehnter Geburtstag stand gerade bevor. An jenem Abend, wie sie sich jetzt erinnert, hatte sie gehört, wie ihre Eltern sich in dem Farmhaus der Familie stritten.

Am nächsten Tag 'öffnete sie die Tür zum Schlafzimmer und sah den Körper ihres Vaters am Boden liegen... Es sah aus, als wäre er tot', heißt es in einem letzte Woche verfaßten Durchsuchungsbefehl. 'Als sie in der nächsten Woche einmal aus der Schule nach Hause kam, ging sie auf die Außentoilette. Sie blickte durch das Loch hinab und sah das Gesicht ihres Vaters, das teilweise mit Exkrementen bedeckt war.' Aber diese Ereignisse waren in der Erinnerung des kleinen Mädchens und ihrer Mutter Winnie Cameron eingefroren, die ihr schreckliches Wissen erst im Tode preisgab. Barrington sagte, die Geschichte sei dadurch ans Tageslicht gekommen, daß Mrs. Perry sich in psychiatrische Behandlung begab... Mrs. Perry war nur bereit gewesen, den Fall mit den Behörden zu erörtern und das Wesen ihrer psychologischen Probleme kam nicht zur Sprache.

Schließlich setzte sich Mrs. Perry, die jetzt Lehrerin am Valencia Community College in Orlando in Florida ist, mit dem FBI in Verbindung. Letzte Weihnachten stellte sie ihre Mutter in einem Telefongespräch zur Rede, das mit ihrer Genehmigung von den Behörden aufgezeichnet wurde: 'Mutter, ich habe den Eindruck, daß du etwas mit dem Tod meines Vaters zu tun hast', sagte Mrs. Perry nach Aussagen des Sheriff. 'Mrs. Cameron weigerte sich, darüber zu sprechen', sagte er.

Am 1. Dezember dieses Jahres rief Mrs. Perry ihre Mutter

erneut an. 'Ich möchte noch einmal mit dir darüber sprechen, was ich letzte Weihnachten erwähnt habe', sagte sie. 'Ist die Leiche meines Vaters immer noch in dieser Toilette?'

Ihre Mutter erwiderte: 'Ich werde es dir nach Weihnachten sagen.'

Am 12. Dezember begann man, nach der Leiche zu graben. Mrs. Perry und ihre Schwester June Ivey halfen den Beamten, den Platz zu finden, wo die Außentoilette gestanden hatte. 'Um 13.20 Uhr stießen wir auf die körperlichen Überreste ... Es war zunächst eine Rippe', sagte Barrington, 'danach kamen den ganzen Nachmittag lang ein Knochen nach dem anderen zum Vorschein.' Nur Camerons Schädel und einige andere Knochen wurden nicht ausgegraben.

'Mrs. Cameron verbrachte den meisten Teil des Tages (12. Dezember) im Haus', sagte Barrington, 'sie verließ es erst am nächsten Morgen um 8 Uhr. Das war das letzte Mal, daß die Männer meiner Abteilung sie lebend gesehen haben.' Am späten Freitagnachmittag fand der Sohn der Familie Cameron ... die 69jährige Mrs. Cameron, die an der hinter dem Haus gelegenen Grenze ihrer Farm neben ihrem Auto lag. Ihre Hand umklammerte eine Pistole vom Kaliber zweiunddreißig. Auf dem Sitz des Autos lag ein Umschlag. Barrington sagte, daß dieser Brief ein Geständnis enthielt.«

Vor einiger Zeit hielt ich ein Seminar am medizinisch-psychiatrischen Institut der Duke University, in dem ich diesen Vorfall erwähnte. Ein junger Mann erzählte mir, daß er aus der Stadt stamme, wo all dies geschehen war, und verbürgte sich für die Richtigkeit der in dem Zeitungsartikel gemachten Aussagen. Dieser Vorfall verdeutlicht eines der Geheimnisse, das die Erinnerung umgibt – die Fähigkeit, Dinge aus unserem Denken auszugrenzen, die wir nicht ertragen können. Leider müssen wir, obwohl wir den Schmerz ganz *unabsichtlich* ausgrenzen, doch unter den Konsequenzen leiden. Oft sind wir, wie es auch bei Mrs. Perry der Fall war, erst dann gezwungen, uns den Erinnerungen zu stellen, wenn sie im wahrsten Sinne des Wortes in unserem Inneren explodieren und sich in unserem alltäglichen Leben unheilvoll auswirken.

Viele von uns tragen schmerzliche Erinnerungen mit sich

herum, die wir aus unserem Denken zu verdrängen suchen. Solche Erinnerungen können mit der Zeit ebensowenig heilen, wie das bei einer infizierten Wunde der Fall wäre. Die Entzündung geht nach innen und verschlimmert sich noch, bis sie sich auf andere Bereiche ausbreitet, die in Mitleidenschaft gezogen und ebenfalls infiziert werden. So ist es mit gewissen schmerzlichen Erfahrungen, besonders solchen, die während der entscheidenden Jahre der frühen Kindheit und des Wachstums gemacht werden. In besonders schwerwiegenden Fällen kann eine bestimmte Erfahrung abgespalten und gesondert gespeichert werden. Diese scheint in einem Teil der Erinnerung gelagert zu sein, die auch durch den bewußten Willen, sich zu erinnern, nicht unmittelbar erschlossen werden kann. Wie dieser geistige, emotionale und neurologische Prozeß sich genau abspielt, kann niemand mit Gewißheit sagen. Aber wir wissen, daß ein beständiges, sehr hohes Maß an emotionaler und geistiger Energie benötigt wird, um die Erinnerung an ihrem verborgenen Platz zu halten.

Man könnte dies mit einem Menschen vergleichen, der versucht, eine Anzahl von Luftballons unter Wasser zu halten. Eine Weile hat er Erfolg, aber schließlich läßt seine Kraft nach, und sie beginnen, trotz seiner verzweifelten Bemühungen, hier und da aufzutauchen. Solche unterdrückten und fixierten Erinnerungen können nie wirklich vergessen werden. Man kann sie auch nicht einfach in der Erinnerung wie eine Akte ablegen, wie das bei angenehmen Erinnerungen der Fall ist, die gelegentlich hervorgeholt und von positiven Gefühlen begleitet werden. Je mehr wir versuchen, diese negative Erinnerung aus unserer bewußten Erinnerung zu verdrängen, umso stärker werden sie. Da es ihnen nicht gestattet ist, direkt durch die Tür unseres Denkens einzutreten, dringen sie in verkleideter und zerstörerischer Form in unsere Persönlichkeit (Körper, Denken und Geist) ein. Diese verleugneten Probleme tauchen unter und erscheinen später in der Form bestimmter körperlicher Krankheiten, unglücklicher Ehesituationen und immer wiederkehrender Zyklen geistlicher Niederlagen.

Beim Schreiben dieses Kapitels wurde ich von einem Ferngespräch unterbrochen. Ein Mann hatte vor einigen Wochen mein Buch »Heilung der Gefühle« gelesen und bat mich um ein

Gespräch. Er war schon seit sieben Jahren Christ, las treu seine Bibel, betete und hatte Gemeinschaft mit anderen Gläubigen. Aber es gab Gebiete in seinem Leben, in denen, wie er sagte, »die Schallplattennadel in sich immer wiederholenden gefühlsmäßigen Rillen steckenzubleiben schien«. Er berichtete dann, daß er einfach nicht herausbekommen konnte, worin sein Problem bestand, obwohl er jede christliche Methode versucht hatte, die ihm bekannt war. Beim Lesen des Buches hatte er den Eindruck, als ob der Heilige Geist eine Schicht seines Bewußtseins freigelegt hatte, so daß er sich an einige Dinge erinnern konnte, die mit seinem »Schallplatten«-Problem zusammenhingen. Bei ihm lag kein besonderes Trauma vor, sondern eher eine ganze Atmosphäre, eine Umgebung, die von einer alles durchdringenden Geisteshaltung bestimmt war, die er in seiner Jugendzeit in sich aufgenommen hatte. Obwohl er all dies gehaßt hatte, entdeckte er, daß er *unbeabsichtigt* bestrebt war, dasselbe Klima in seinen gegenwärtigen Beziehungen wieder herzustellen. Er betonte immer wieder die Tatsache, daß ihm sein Handeln erst bewußt wurde, *als er sich erinnerte.* Jetzt, da ihm das klar war, war er in der Lage, die Erinnerung mit einem Seelsorger zu besprechen und zu noch tieferen Einsichten zu gelangen. Er betete mit seiner Frau und erlebte Veränderungen an sich selbst und in seiner ganzen Familienatmosphäre. Als ich den Telefonhörer auflegte, dankte ich Gott für eine unmittelbare Bestätigung der Tatsache, daß begrabene Erinnerungen sich auf das gegenwärtige Leben des Betroffenen auswirken können.

Die Geschichte dieses Mannes stellt auch ein gutes Gegengewicht zu den bisher angeführten extremeren Beispielen dar, denn oft sind wir nicht in der Lage, einzelne Erfahrungen oder Ereignisse als entscheidenden Faktor festzulegen. Stattdessen kann es wie bei diesem Mann eine ganze Summe von Einflüssen durch die Umgebung sein, eine alles durchdringende Atmosphäre, die uns mit *einem ganzen Gefüge von allgemeinen Erinnerungen umringt, die der Heilung bedürfen.* Ich bin überzeugt, daß dies ein Teil davon ist, was Jesus meinte, als er davon sprach, wie zerstörerisch sich bestimmte Handlungen auf Kinder auswirken können. In bezug darauf sprach er ein sehr hartes Urteil gegen denjenigen aus, der »diesen Kleinen Ärgernisse gibt«, indem er sagte: »...wehe aber dem, durch den sie kommen« (Matth. 18,6-7; Lukas 17,1-3). Es wäre wahrlich »besser für ihn, daß ein Mühlstein um seinen Hals gehängt und er ins Meer geworfen würde«.

Vertrauen als Grundlage für die bewußte Rückerinnerung

Menschen, die schmerzliche Erinnerungen mit sich herumtragen, werden nur unter bestimmten *Vertrauensbedingungen* bereit sein, sich bewußt zu erinnern. Daher wird oft ein verständnisvoller und mitfühlender Seelsorger gebraucht, jemand, dem die verletzte Person vertrauen kann und der den Mann oder die Frau in die Gegenwart des liebevollen und vertrauenswürdigen Gottes führt. An diesem Punkt wird besonders deutlich, daß das Evangelium wahrhaft eine gute Nachricht ist – die unvorstellbare Botschaft vom verständnisvollen und rettenden Gott selbst, der mit uns Gemeinschaft haben will. Das Leiden Jesu am Kreuz *für uns und an unserer Stelle* schafft die *Vertrauensbedingungen*, die es dem Leidenden ermöglichen, sich diese schmerzhaften Erinnerungen ins Bewußtsein zu rufen und ans Licht zu bringen. Jetzt kann er sich ihnen nicht nur stellen, sondern auch Heilung für sie empfangen. *Die Schaffung dieser vertrauensvollen Bedingungen beginnt bereits mit der Art und Weise, wie wir den Menschen innerhalb der Atmosphäre unserer Gemeinden das Evangelium verkündigen.*

4. Kapitel

Die richtige Atmosphäre für Heilung

Gegen Ende des Zweiten Weltkrieges sah sich die japanische Regierung einem schwerwiegenden Problem gegenüber. Obwohl der Friedensvertrag unterzeichnet worden war, hielten sich in den Bergen und dem Dschungel der Südpazifischen Inseln noch Tausende von japanischen Soldaten auf. Sie waren nicht bereit, aus ihrem Versteck herauszukommen, ihre Waffen fallenzulassen und zu einem friedlichen Leben zurückzukehren. Ihre Offiziere hatten sie einer so gründlichen Gehirnwäsche unterzogen und ihnen so eindringlich vor Augen gestellt, was die Amerikaner ihnen im Fall einer militärischen Unterwerfung antun würden, daß sie fest davon überzeugt waren, daß sie entweder Folter oder sofortigen Tod zu erwarten hatten. Schließlich hielt der japanische Herrscher eine Rede, in der er seinen Soldaten die Situation erklärte und sie bat, nach Hause zu kommen. Die Rede wurde im Radio übertragen, aufgezeichnet und mit Hilfe von Lautsprechern immer wieder in die Berghöhlen und den Dschungel übertragen. Zusammengefaßt lautete seine Botschaft: »Kommt aus euren Verstecken hervor! Der Krieg ist vorbei. Wir haben Frieden geschlossen. Euch wird nichts geschehen. Ihr werdet in Sicherheit sein und willkommen geheißen werden.«

Da der Herrscher selbst zu ihnen sprach, glaubten die meisten der Truppen den Beteuerungen und kamen aus ihren Verstecken heraus. Es gab natürlich versprengte Nachzügler, aber innerhalb einiger Monate hatten sich bis auf einige wenige alle ergeben. Nach einigen Jahren wurde angenommen, daß alle Überlebenden gefunden worden waren. Jedoch erst im März 1974 kam der letzte Soldat endlich aus seinem Versteck — 29 Jahre nach Kriegsende! Mittlerweile unterhielten die beiden Länder freundschaftliche Beziehungen. Als sie den Mann, der jetzt über sechzig Jahre alt war, fragten, warum er so lange gewartet hatte, sagte er, daß er all die Jahre gebraucht hatte, um seine Angst zu überwinden.

Im dritten Kapitel haben wir davon gesprochen, daß wir es nur dann zulassen, daß uns bestimmte schmerzhafte Erinnerungen wieder bewußt ins Gedächtnis kommen, wenn die rechten vertrauensvollen Bedingungen herrschen. Ohne diese Bedingungen gleichen wir jenem alten japanischen Soldaten. Unsere Ängste erlauben es uns nicht, unsere inneren Verteidigungswälle abzubauen, damit unsere vergrabenen Erinnerungen aus dem Versteck kommen können. Auf eine sehr reale Weise hat Gott, der liebende himmlische Vater, der Herrscher des Universums, allen Menschen seine besondere Botschaft des Friedens gesandt. Vielleicht drückt Paulus das in 2. Korinther 5,19 am besten aus: »...weil nämlich Gott in Christus war und die Welt mit sich selbst versöhnte, indem er ihnen ihre Sünden nicht zurechnete...« Das ist der eigentliche Kern der Guten Nachricht: »Kommt heraus, ihr braucht nicht länger Angst zu haben, zwischen uns herrscht Frieden. Ihr werdet nicht verletzt oder bestraft werden, sondern werdet willkommen geheißen und angenommen.«

Wie kommt es dann, daß so viele Menschen es nicht wagen, sich der heilenden Gnade Gottes zu öffnen? Warum verstecken sie sich immer noch hinter allen möglichen Verteidigungsstrategien? *Der Grund hierfür liegt darin, daß viel zu oft die Atmosphäre in unseren Gemeinden, die Haltung anderer Christen und die Verkündigungsweise des Evangeliums nicht dazu beitragen, die Vertrauensbedingungen zu schaffen, die für die Heilung notwendig sind.*

Der Pastor als Prophet und Priester

Es gibt verschiedene Funktionen des Predigens, verschiedene Arten von Predigten und verschiedene Ziele, die man durch Predigten erreichen will. Viele Predigten spiegeln die *prophetische Aufgabe* des Verkündigers wider. Er steht als Gottes Repräsentant vor den Menschen und verkündet Gottes Wort: »So spricht der Herr!« Als Prophet sollte er mit Autorität sprechen, wie es auch Jesus tat. In dieser Rolle besteht das Ziel des Predigers darin, die Wahrheit zu verkünden, die großen Glaubenslehren darzulegen und die biblisch-ethischen Maßstäbe für den rechten Lebenswandel zu verfechten. Als Prophet spricht er über Sünde, Gerechtigkeit und Gericht und ruft die Menschen zur Buße, zur Errettung, zur Heiligung und zu einer Herzenseinstellung und einem Lebensstil auf, die Gott wohlgefällig sind.

Wenn er als *Priester oder Hirte* predigt, hat seine Predigt einen anderen Inhalt und ein anderes Ziel. Als Gottes Repräsentant bietet er die geistliche Nahrung des Gotteswortes an, baut die Menschen auf und ermutigt sie. Er bringt den mit Sorgen Beladenen Trost und den Verzweifelten Hoffnung. In Charles Wesleys schönem Lied »Jesus, Liebster meiner Seele« kommt das Ziel des Pastors bei dieser Art der Predigt zum Ausdruck. Er soll »die Gefallenen aufrichten, die Schwachen ermutigen, die Kranken heilen und die Blinden führen«.

Die meisten unserer Predigten enthalten sowohl Elemente des prophetischen als auch des pastoralen Ansatzes. Nach Gottes Willen sollte in der Predigt stets Ausgewogenheit zwischen den beiden Aspekten des Evangeliums herrschen — der moralischen Anforderung und der großzügigen Gnade. Unser Herr selbst verband diese beiden Aspekte natürlich auf wunderbare Weise miteinander, wie es in seinen Worten zu der Ehebrecherin zum Ausdruck kommt: »So verurteile ich dich auch nicht. Gehe hin und sündige hinfort nicht mehr!« (Joh. 8,11). Die meisten Prediger tun ihr Bestes, um beides gleichermaßen zur Geltung zu bringen und sind größtenteils in der Lage, die Bedürfnisse des größten Teils ihrer Zuhörerschaft zu befriedigen. Sie bemerken jedoch oft nicht die zunehmend große Anzahl von Menschen in ihren Gemeinden, die durch eine noch tiefergehende Predigt angesprochen werden müssen. Edgar N. Jackson berichtet in seinem Buch »*A Psychology for Preaching*« über einen Fragebogen, der an viertausend Menschen ausgeteilt wurde. Durch die Fragen sollte ergründet werden, was die Menschen von der Predigt ihrer Pastoren erwarten. Die Hälfte der Befragten brachte ein Interesse an ganz persönlichen Themen zum Ausdruck — Sinnlosigkeit des Lebens, Unsicherheit in persönlichen Beziehungen, Einsamkeit, Eheprobleme, die Beherrschung sexueller Wünsche, die Auswirkungen des Alkohols, falsche Vorstellungen von Religion und Moral, Minderwertigkeitsgefühle, Probleme mit Krankheit und Leid, sowie

Schuldgefühle und Frustration. Ein Viertel der Befragten war hauptsächlich an Familienproblemen, Elternschaft, Kindererziehung und Beziehungskonflikten interessiert. Ein weiteres Viertel stellte in erster Linie die traditionelleren Probleme in den Mittelpunkt (Harper and Row, Seite 75-77). Dieser Hilfeschrei sollte gehört und durch unsere evangelikale Predigt beantwortet werden. Viele geistliche Nöte entspringen unserer Unreife, unseren inneren Konflikten und Komplexen im emotionalen und zwischenmenschlichen Bereich.

Die Menschen wollen wissen, wie sie dieses überfließende Leben, von dem sie in Predigten immer hören, in den Niederungen des Alltags erleben können.

Zu diesen normalen menschlichen Problemen kommt noch eine ganze Liste von außergewöhnlichen Problemen hinzu. Ja, wir haben Wind gesät und Sturm geerntet. Eine wachsende Anzahl von Menschen, unter ihnen viele wiedergeborene und geisterfüllte Christen, die jetzt das Erwachsenenalter erreichen, leiden unter schweren emotionalen Problemen, die ihr geistliches Leben zutiefst beeinträchtigen. In unserer zunehmend kranken Gesellschaft scheint sich die Situation in unvorstellbarem Ausmaß zu verschlechtern und uns wie eine Lawine zu überrollen.

Unsere tragische Überbetonung der Sexualität ist beinahe zu einer nationalen Besessenheit geworden:

● Der explosionsartige Anstieg der Scheidungsrate in den letzten vier Jahrzehnten,

● die alarmierende Zunahme von Mißhandlungen an Kindern und Ehepartnern, von Inzest und Vergewaltigung,

● die wachsende Alkohol- und Drogenabhängigkeit,

● der Zusammenbruch unserer moralischen Werte, der Disziplin und des Verantwortungsbewußtseins.

All dies hat dazu beigetragen, daß unsere Gesellschaft wie am Fließband verhaltensgestörte Menschen mit emotionalen Konflikten hervorbringt. Viele dieser gestörten Emotionen liegen tief in solchen Schichten unserer Erinnerung verborgen, die auf die Art von Predigt, die wir normalerweise hören, nicht ansprechen. Unsere althergebrachte Predigt kann die Menschen sogar in noch größere Angst versetzen und sie veranlassen, ihre inneren

Schutzwälle noch zu verstärken, was zur Folge hat, daß diese Erinnerungen noch tiefer verdrängt werden. Selbst in tröstlichen und ermutigenden Predigten kann die Gute Nachricht auf eine Weise vermittelt werden, die die Menschen in noch tiefere Verzweiflung treibt. Oft, wenn ich Menschen frage, warum sie ihre Probleme nicht mit ihrem Pastor besprechen, sagen sie mir, sie wüßten bereits, was er sagen wird. Er würde ihnen einfach noch größere Schuldgefühle einflößen, als sie ohnehin schon haben. Wenn ich dem weiter nachgehe und frage, wie sie denn darauf kommen, antworten sie gewöhnlich: »Das weiß ich aus seinen Predigten.« Es wäre für Evangelisten und Pastoren leicht, dieses Urteil als unfair abzutun. Tatsache ist, daß es schmerzt, weil es in der Form zutrifft. *Allzu oft entmutigt unsere Predigt Menschen noch mehr und schreckt sie davon ab, die Hilfe und die Heilung zu suchen, die sie so verzweifelt brauchen.*

Predigt für emotionale und geistliche Heilung

Jahrelange Erfahrung auf diesem Gebiet hat mich gelehrt, daß eine besondere Art der Predigt erforderlich ist, die die Menschen ermutigt, Heilung der Erinnerungen zu suchen. Diese Predigt ist in ihrem Inhalt, Stil und in ihrer Zielsetzung einzigartig. Sie zielt darauf ab,

● dem Leidenden Mut zu verleihen, seinen Verteidigungswall abzubauen, der seine Heilung verhindert hat,

● es ihm zu ermöglichen, seine vergrabenen inneren Ängste, Sorgen, Konflikte und Schamgefühle offenzulegen,

● ihm zu helfen, seine verborgenen und tief im Inneren vergrabenen Erinnerungen in Gegenwart des Kreuzes zu offenbaren,

● in ihm ein vielleicht völlig neues Bild von Gott als verständnisvollem Vater zu formen, der nicht schockiert ist, sondern für alles Verständnis hat, was in seiner Gegenwart preisgegeben wird, denn er hat es schon immer gewußt und hat trotzdem niemals aufgehört zu lieben.

Der Inhalt der Predigt

Diese besondere Art der Predigt betont einen fundamentalen Aspekt der Guten Nachricht, die Christus für uns darstellt.

● Fleischwerdung — Immanuel, Gott ist mit uns. Der Apostel Johannes schreibt: »Das Wort wurde Fleisch und wohnte bei uns« (Joh. 1,14).

Matthäus zitierte die Prophetie des Jesaja: »Siehe, die Jungfrau wird empfangen und einen Sohn gebären, und man wird ihm den Namen Immanuel geben; das heißt übersetzt: Gott mit uns« (Matth. 1,23).

Unter uns ... mit uns. Was bedeutet es, daß Gott mit uns ist? Wenn wir darüber nachdenken, wie wir das Wort *mit* gebrauchen, erhalten wir einen Hinweis. Manchmal gehen wir zu einem Freund, der unter einer Krankheit, einem Schmerz oder einem großen Verlust leidet. Wir möchten ihm gegenüber unser tiefstes Mitgefühl zum Ausdruck bringen. Deshalb sagen wir:»Ich möchte, daß du weißt, daß ich von ganzem Herzen mit dir fühle.« Das ist die Bedeutung der Fleischwerdung, die wir den Menschen vermitteln müssen. Jesaja sagte das Kommen des Immanuels voraus, und Matthäus erklärte die Bedeutung dieses Namens: »Das heißt übersetzt, Gott mit uns.« Wenn wir zu Menschen predigen, die unter geistigem und emotionalem Schmerz leiden, müssen wir über die wahre Menschlichkeit des Christus sprechen. Es heißt nicht, »das Wort wurde zu Worten« — wir brauchen Worte der Verkündigung, aber sie sind nicht genug, noch nicht einmal für Gott selbst. Das Wort wurde *Fleisch*. Gott ist hinabgestiegen in die Arena des menschlichen Lebens und Leidens. *Er wurde der Eine, der mit uns ist, indem er einer von uns wurde.*

● Identifikation — Gott ist in unserem Schmerz bei uns. Vielleicht kann ich diesen Punkt am besten durch zwei wahre Begebenheiten illustrieren, die in der kanadischen Zeitung «The Calgary Herald« abgedruckt wurden.

Am 5. Juni 1978 rutschte der sieben Jahre alte Martin auf dem Kai aus und fiel in den Prairie-Fluß. Die Erwachsenen, ein Dutzend oder mehr, die auf demselben Pier standen, unternahmen nichts. Sie sahen nur einige Augenblicke zu, wie er im Wasser um sein

Leben kämpfte und dann ertrank.

Warum half ihm niemand? Nun, etwas weiter flußaufwärts werden ungeklärte Abwässer in den Fluß gepumpt. Das Wasser ist stark verseucht und sehr übelriechend. Ein Zeuge zitierte, wie ein Zuschauer später sagte: »Wir wollten nicht hineinspringen – das Wasser war viel zu schmutzig.« Ein Polizist, der kurz danach am Schauplatz des Geschehens eintraf, bemerkte bitter: »Man fragt sich wirklich, wie menschlich Menschen in Wahrheit sind. Der Junge hätte wahrscheinlich gerettet werden können.«

Vergleichen wir diesen Vorfall mit einer anderen Begebenheit. Im August 1977 wurde John Everingham, ein australischer Journalist, der in Laos tätig war, von den Kommunisten ausgewiesen. Er war gezwungen, seine Verlobte, Keo Sirisomhone, eine Einheimische diese Landes, zurückzulassen. Zehn Monate lang plante John sorgfältig Keos Rettung. Schließlich, am 27. Mai 1978, startete er seine Rettungsaktion. Ausgerüstet mit Taucherbrille, Flossen und Sauerstoffflaschen mit zwei Atemgeräten tauchte er in den vom Regen angeschwollenen Mekong-Fluß ein, der Laos von Thailand trennt.

In dem trüben Wasser war die Sicht unter der Oberfläche gleich null, und John mußte einen Kompaß gebrauchen, der an seiner Taucherbrille befestigt war. Er kämpfte mit der reißenden Strömung und kroch am schlammigen Grund entlang, wo er gelegentlich von Strudeln hin und her gerissen wurde. Als er auftauchte, entdeckte er, daß er die Strömung unterschätzt hatte. Er war immer noch einige hundert Meter vom Ufer entfernt und war an der Stelle vorbeigetragen worden, wo Keo ihn erwartete. Sie hatte sich als Fischersfrau verkleidet, um keinen Verdacht zu erregen. Erschöpft schwamm Everingham zurück auf die thailändische Seite. Beim zweiten Mal versuchte er es weiter flußaufwärts. Lassen Sie mich ihn an diesem Punkt zitieren: »Ich schaffte es und kletterte an der Uferböschung hinauf. Keo schien aufgegeben zu haben und ging in einiger Entfernung niedergeschlagen davon. Ich schrie so laut ich konnte, da drehte sie sich um und sah mich, lief auf mich zu und fiel mir in die Arme.« Da Keo niemals schwimmen gelernt hatte, legte John ihr eine schwach aufgeblasene Schwimmweste um den Hals, befestigte eins der Atemgeräte an ihrem Mund und band sie durch einen Gurt an sich fest. Sie stiegen ins Wasser, wobei sie versuchten, ihren Kopf gerade oberhalb der Wasseroberfläche zu halten. John zog sie mit kräftigen Schwimmstößen durch den Fluß. Nach einem verzweifelten Kampf schafften sie es gemeinsam. Sie fielen erschöpft auf die Uferböschung der anderen Seite — sie waren in Thailand! Johns Geschichte veranschaulicht Immanuels Identifikation mit uns in unserem großen menschlichen Leid. Er ist kein Gott, der untätig daneben steht und nicht in die Sache hineingezogen werden will, sondern ein Gott, der uns so sehr liebt, daß er gewillt ist, in die unruhigen und trüben Wasser des menschlichen Lebens einzutauchen und ohne Einschränkungen mit uns identifiziert zu werden:

● Bei seiner Empfängnis, als er in die Flüssigkeiten des Amnion, in das Fruchtwasser im Leib der Jungfrau Maria, eingetaucht war.

● Bei seiner Geburt und in seiner frühen Kindheit, als er von den Stromschnellen des wahnsinnigen Todesurteils des Herodes verfolgt wurde.

● In seiner Kindheit, als er die Wasser des Wachstums und der Entwicklungsjahre durchquerte, in denen er durch die Disziplin seiner irdischen Eltern und religiöser Autoritäten heranreifte.

● In seinen dreißig Lebensjahren, als er eingetaucht war in die Wasser der niedrigen menschlichen Existenz, durchflutet von der Schrift, getränkt in Geduld und göttlicher Weisheit.

● In seinem ganzen Leben und Dienst, als er sich in die verschmutzten Fluten des von der Sünde befleckten Lebens hineinstürzte, als er mit Sündern getauft wurde, mit ihnen an einem Tisch saß und das Risiko der Ansteckung einging.

● Und schließlich in den Wasserstrudeln des Betrugs, der Verleugnung und des Verrats, als er in die trüben Tiefen des Todes selbst eintauchte — bis zum Tode am Kreuz.

● Kreuzigung — Gott ist in unserem Schmerz mit uns und für uns, ohne Einschränkungen, selbst wenn es ihn alles kostet. Jetzt sind wir am Kernstück der Guten Nachricht angelangt — am Kreuz. Jesus identifizierte sich selbst mit dem Schlimmsten von uns — bis zuletzt, als er zusammen mit zwei Verbrechern gekreuzigt wurde. Hier in den tiefsten Tiefen aller Wasser geschah es, daß » ... er durch Gottes Gnade für jedermann den Tod schmeckte« (Hebr. 2,9).

Diese Identifikation im Tod ist von entscheidender Bedeutung, wie der Schreiber des Hebräerbriefes klarmacht:»...ist er in ähnlicher Weise dessen teilhaftig geworden, damit er durch den Tod den außer Wirksamkeit setzte, der des Todes Gewalt hat, nämlich den Teufel, und alle diejenigen befreite, welche durch Todesfurcht ihr ganzes Leben hindurch in Knechtschaft gehalten wurden... Daher mußte er in allem den Brüdern ähnlich werden, denn worin er selbst gelitten hat, als er versucht wurde, kann er denen helfen, die versucht werden« (Hebr. 2,14-18).

Diese völlige Identifikation mit uns ist der letztendliche Beweis, daß Gott unseren Schmerz und unser Leiden versteht. Diese und andere Passagen aus dem Hebräerbrief ermutigen uns, niemals zu zögern, irgendetwas vor sein Angesicht zu bringen, weil Gott uns jetzt völlig versteht. Vielmehr werden wir aufgefordert, »...mit Freimütigkeit hinzutreten zum Thron der Gnade, damit wir Barmherzigkeit erlangen und Gnade finden zu rechtzeitiger Hilfe!« (Hebr. 4,16).

Wir vermitteln den Menschen nicht die völlige Bedeutung dieser Einladung, wenn wir den Tod Christi auf das Sühneopfer für unsere Sünden beschränken. Ganz gewiß ist der Inhalt des Kreuzes der Opfertod Christi für unsere Sünden. Aber wenn wir es darauf begrenzen, lassen wir ein Element in unserer Predigt und Lehre außer acht, das Millionen von innerlich verletzten Menschen hören müssen: Durch sein Kreuz versöhnt Christus nicht nur Sünder, sondern auch Leidende mit Gott. Als Christus in die Hölle hinabstieg, brachte er uns nicht nur Reinigung von den schuldhaften Erinnerungen unserer Sünden, die unser Gewissen belasten, sondern auch Heilung für solche schmerzhaften Erinnerungen, die in uns aufsteigen, um unsere Persönlichkeit zu quälen und zu versklaven. Viele dieser Erinnerungen stammen von Verletzungen und Gebrechen, für die wir selbst nicht verantwortlich sind. Vielmehr waren wir Opfer der sündigen Entscheidungen anderer. Genau das ließ Christus am Kreuz mit sich geschehen — er wurde ein Opfer der Entscheidung anderer. Als er sich freiwillig der letztendlichen Strafe für unsere Sünden unterzog, durchlebte er die schmerzhafteste Erfahrung menschlichen Lebens — unverdientes und ungerechtes Leiden. Ganz bewußt setzte er sich dem zweifachen Geheimnis der Sünde und des Leidens aus. Unsere Predigt stellt diese Zusammenhänge viel zu vereinfacht dar, wenn wir das Sühneopfer allein auf die Sündenvergebung begrenzen.

Manche würden sofort fragen: »Wessen Sünden?« In der Schriftstelle aus dem Matthäus-Evangelium, die wir im dritten Kapitel zitiert haben, wo von Sünden gegen Kinder die Rede ist, fährt Jesus dann fort: »Wehe der Welt der Ärgernisse halber! Denn es ist zwar notwendig, daß die Ärgernisse kommen, aber wehe dem Menschen, durch welchen das Ärgernis kommt!« (Matth. 18,7). Ja, wir haben alle gesündigt und brauchen die Vergebung, die das Kreuz schenkt. Aber da auch gegen uns gesündigt wurde, brauchen wir vom Kreuz her die Gewißheit, daß Gott die komplizierten und widersprüchlichen Emotionen in uns versteht — jene innere Hölle der verworrenen Gefühle, die unseren nicht geheilten Erinnerungen entspringen.

Eines Tages kam eine junge Frau zu mir in die Seelsorge und erzählte mir schluchzend ihre Geschichte. Während ich ihr zuhörte, stieg eine Wut von solchem Ausmaß in mir hoch wie sonst nicht oft in meinem Dienst. Rita hatte einen sehr bekannten Evangelisten predigen hören und war zum Gebet und zur Seelsorge zu ihm gegangen. In großem Schmerz hatte sie ihm berichtet, wie ihr Vater, der Pastor war, sie seit ihrem sechsten Lebensjahr wiederholt sexuell mißbraucht hatte. Sie bekannte ihre verwirrten Gefühle, die sie ständig in Depressionen und in geistlicher Niederlage hielten — eine verworrene Mischung von Schuld, Scham, sexueller Zwiespältigkeit, Wut und Trauer. Seine sofortige Antwort lautet: wenn sie für ihren Anteil an Schuld »Buße täte«, würde Gott ihre Gefühle schon »in Ordnung« bringen. Er legte den »Plan der Errettung« gründlich dar. Er gab so viele Antworten, daß er sich nicht einmal Zeit nahm, auf ihre Fragen einzugehen oder ihren Bericht zu Ende anzuhören. Ihre Mutter hatte nämlich in einem Wutanfall Ritas Bein gebrochen, als diese erst drei Jahre alt gewesen war. Es ist ein Wunder der Gnade Gottes, daß diese junge Frau trotz dieses kranken Elternhauses ein echter Christ wurde. Sie hatte Vergebung und die Wiedergeburt in Christus erlebt. Was sie jetzt verzweifelt brauchte, war Heilung von den schmutzigen Wunden der Vergangenheit. Sie mußte lernen, eine völlig neue Art der Beziehung zu Gott, zu anderen und zu sich einzugehen.

Deshalb ist die Predigt vom Kreuz in seinem ganzen Umfang von so zentraler Bedeutung für die Schaffung von Vertrauensbedingungen, die für die Heilung der Erinnerungen benötigt werden. In einer alten Abendmahlsliturgie kommt dies sehr zum Ausdruck: »Durch Glauben an sein Blut« erlangen wir »die Vergebung unserer Sünden« und »alle anderen Güter, die er durch sein Leiden für uns erworben hat«. Wir sollten dafür Sorge tragen, daß unsere Verkündigung der Guten Nachricht auch jene Güter umfaßt, die so viele verwundete Menschen geistlich benötigen. In der ersten Predigt Jesu in der Synagoge, von der bei Lukas berichtet wird, zitiert er in seiner Proklamation der Guten Nachricht die Beschreibung des Messias aus Jesaja 61, 1-2: »...Er hat mich gesandt, zerbrochene Herzen zu verbinden, den Gefangenen Befreiung zu predigen...« Mit Sicherheit müssen die Menschen zerbrochenen Herzens in unseren Gemeinden erfahren, daß er nicht nur ihre Sünden, sondern auch ihren Schmerz und ihre Gebrechen getragen hat.

● Lebendige Realität — eines mitfühlenden und verständnisvollen Gottes. Was bedeutet all das für uns? Welchen Einfluß hat es auf unser tägliches Leben? Und wie kann dadurch die Atmosphäre für Heilung geschaffen werden, von der wir gesprochen haben? Unsere Vorstellungen und Gefühle in bezug auf Gott werden verändert, wodurch ein Klima des Vertrauens entsteht, in dem tief unterdrückte Erinnerungen ans Tageslicht kommen können. Auf welche Weise ist dies möglich? Weil Gott jetzt weiß, wie Menschen fühlen. Ja, Gott hat es immer gewußt, weil er Gott ist und alle Dinge weiß. Wie können wir dann behaupten, daß Gott es erst *jetzt* weiß? Das scheint darauf hinzudeuten, daß er etwas Neues gelernt hat, was mit der Vorstellung seiner göttlichen Vollkommenheit nicht in Einklang steht. Da Gott allwissend ist, hat er auch das Wissen um unsere Menschlichkeit stets in sich getragen. Jetzt jedoch *weiß er es tatsächlich* durch eigene Erfahrung. Diese wundervollen Schriftstellen aus dem Hebräerbrief deuten an, daß es jetzt durch das Leiden Christi ein tieferes *Wissen und Verstehen* Gottes gibt. Ich zögere hierfür eine sehr persönliche Veranschaulichung zu gebrauchen, aber es ist das einzige mir bekannte Beispiel, durch das ich erklären kann, was ich meine.

Bevor wir nach Indien gingen, studierten Helen und ich ein Jahr lang an einer Ausbildungsschule für Missionare, wo wir einen Kurs in Tropenmedizin besuchten. Unter anderem erfuhren wir von der Tatsache, daß 50% aller Babys in Indien vor dem Erreichen des fünften Lebensjahres sterben. Die Tatsache der Säuglingssterblichkeit war uns bekannt. Aber zwei Jahre später, als unser zehn Monate alter Sohn David innerhalb einiger Stunden nach einem plötzlich auftretenden Anfall von Ruhr starb und wir ihn an jenem Märzmorgen in der roten Erde von Bidar in Indien begruben, hatten Helen und ich die Säuglingssterblichkeit auf eine völlig neue Weise erfahren. Natürlich verstand Gott, was es bedeutete, ein menschliches Wesen zu sein, aber durch die Fleischwerdung, durch seine letztendliche Identifikation mit uns im Leiden, dem Tod Christi, kennt und versteht Gott uns jetzt völlig, nicht allein aus seiner Allwissenheit, sondern aus tatsächlicher Erfahrung.

Jetzt können wir sicher sein, daß er uns kennt und Anteil nimmt. Da er einer von uns gewesen ist, da er unser Leben in allen Phasen durchlebt hat, vom Mutterleib bis zum Grab, wissen wir, daß er kein Gott ist, der »...kein Mitleid haben könnte mit unseren Schwachheiten...« (Hebr. 4,15). Und da wir sicher sind, daß er unser Leben *kennt*, kann unser Leben von jetzt an ganz anders werden.

● Mitwirkung seines Geistes an unserer Heilung: Ein mitfühlender, verständnisvoller Gott, der uns kennt und Anteil nimmt, ist im Hinblick auf unsere innere Heilung der beste therapeutische Faktor. Aber in gewisser Hinsicht bezieht sich alles bisher Gesagte auf die Vergangenheit — auf den Jesus der Geschichte. Aber Gott sei Dank, er hat es nicht dabei belassen. Der Jesus der Geschichte wird durch das Werk seines Heiligen Geistes der Christus der gegenwärtigen und persönlichen Erfahrung. Es ist der Geist Gottes, der all das, was Jesus durch sein Leiden, seinen Tod und seine Auferstehung *ermöglicht* hat, in unserem Leben jetzt *Wirklichkeit werden läßt.* Der Heilige Geist ist der *Paraklet* (griechisch: Helfer, Fürsprecher; *para* – neben und *kaleo* – rufen), der neben uns, den wir rufen. Römer 8,26-27 versichert uns, daß der Heilige Geist uns in unseren Gebrechen, unseren Verkrüppelungen und Schwachheiten hilft. Das griechische Wort für *helfen* ist eine Zusammensetzung aus drei Worten mit der Bedeutung »auf der anderen Seite mit anpacken«. Es ist ein schönes und einfühlsames Bild des wissenden, verstehenden, anteilnehmenden Gottes, der jetzt mit uns an unserer Heilung mitwirkt.

Diese Gewißheit ist eingebunden in den Zusammenhang von Römer 8,18-28, wo Paulus über den Schmerz und das Leiden der Lebewesen in dieser gefallenen und unvollkommenen Welt spricht:»Denn wir wissen, daß die ganze Schöpfung mitseufzt und mit in Wehen liegt bis jetzt ...« Ja, es ist wahrhaftig eine leidende Welt. Dann fährt Paulus fort:» ...und nicht nur sie, sondern auch wir selbst, die wir die Erstlingsgabe des Geistes haben, auch wir erwarten seufzend das volle Offenbarwerden derselben, die Erlösung unseres Leibes.« Ja, die Schöpfung seufzt und selbst wir Christen seufzen. Aber wir sind nicht allein, sondern *Gott selbst in der Gegenwart seines Heiligen Geistes seufzt mit uns.* »Ebenso kommt aber auch der Geist unserer Schwachheit zu Hilfe, denn wir wissen nicht, was wir beten sollen, wie sich's gebührt; aber der Geist selbst tritt für uns ein mit unaussprechlichem Seufzen« (Röm. 8,22-23.26). Diese unglaubliche Gute Nachricht, die für so viele unserer leidenden Zuhörer zu schön klingt, um wahr zu sein, muß das Herzstück unserer vorbereitenden Predigt sein. Wir müssen es voller Liebe, Einfühlungsvermögen und Verständnis predigen, die der Heilige Geist uns verleiht, und stets offen aus unserem eigenen Leben bezeugen, wie wir selbst diese Art von innerer Heilung und verständnisvoller Liebe erlebt haben.

Erlösende Annahme in der Gemeinde

Zusätzlich zu dem Inhalt der Predigt spielte bei der Schaffung dieser vertrauensvollen Bedingungen noch etwas anderes eine unermeßlich wichtige Rolle. Der Pastor mag vielleicht die Art von

Predigt halten, die wir beschrieben haben, doch wenn die Haltung der Christen in seiner Gemeinde nicht dieselbe Art von erlösender Annahme ausstrahlt, kann das notwendige Klima für Heilung nicht entstehen. Die meisten Ängste und Sorgen, die die Menschen davon abhalten, sich zu öffnen, entspringen dem Schmerz, der durch kranke persönliche Beziehungen verursacht wird. Wie wir bereits gesehen haben, geht die Erinnerung an diese Beziehungen in ihrer Lebensgeschichte weit zurück, manchmal sogar noch bis vor die Geburt. Diese Menschen haben ein ganzes Vokabular von krankem Verhalten anderen gegenüber gelernt, bevor sie überhaupt sprechen lernten. Es ist von entscheidender Bedeutung, daß sie eine neue Sprache des Verständnisses und des Vertrauens in zwischenmenschlichen Beziehungen erlernten. Aber um diese Sprache zu lernen, muß sie ihnen zunächst jemand anderes vorsprechen.

Daher spielten die Menschen in der Gemeinde solch eine wichtige Rolle im Heilungsprozeß. Leidende Menschen müssen von Christen mit einer Atmosphäre des Verständnisses und der Liebe umgeben und gestützt werden. Manchmal mögen diese Christen im Namen der Liebe gezwungen sein, auch hart zu sein, aber dies wird immer in einem Geist geschehen, der aufbaut und nicht richtet. Die Liebe mag vielleicht manchmal streng sein, aber dennoch wird es *Liebe* sein.

Können wir wirklich sagen, daß dies die Atmosphäre ist, die wir in den meisten unserer Gemeinden vorfinden? Fred Smith, ein christlicher Geschäftsmann, Redner und Schriftsteller, hat eine scharfsinnige moderne Parabel zu diesem Thema geschrieben. Mit seiner Erlaubnis zitiere ich den größten Teil davon: »Bitte bringen Sie mich nicht ins Krankenhaus!« Die Szene war völlig unverständlich. Ein Mann lag blutend auf der Straße. Der Fahrer des Unfallwagens hatte Fahrerflucht begangen. Er brauchte sofort medizinische Hilfe, und doch bat er immer wieder: »Bringen Sie mich nicht ins Krankenhaus — bitte.«

Überrascht fragten ihn alle: »Warum denn nicht?«

Flehend antwortete er: »Weil ich zu dem Personal des Krankenhauses gehöre. Es wäre sehr peinlich für mich, wenn sie mich so sehen würden. Sie haben mich niemals blutend und schmutzig gesehen. Wenn sie mich sehen, bin ich immer sauber und wohlauf. Jetzt bin ich in einem furchtbaren Zustand.«

»Aber das Krankenhaus ist für Menschen in Ihrem Zustand da. Können wir nicht doch einen Krankenwagen rufen?«

»Nein, bitte nicht. Ich habe einen Sicherheitskurs für Fußgänger belegt, und der Lehrer dort würde mich kritisieren, wenn er erfährt, daß ich angefahren worden bin.«

»Aber wen kümmert das schon, was dieser Lehrer denkt? Sie brauchen jetzt Hilfe.«

»Aber es gibt noch andere Gründe — die Aufnahmeschwester würde sehr verärgert sein.«

»Warum?« — »Weil sie sich immer aufregt, wenn irgendjemand, der aufgenommen werden will, nicht alle Einzelheiten angeben kann, die sie für ihren Bericht braucht. Ich habe nicht gesehen, wer mich angefahren hat und ich kenne noch nicht einmal den Wagentyp oder das Kennzeichen. Sie würde es nicht verstehen. Was die Berichte angeht, ist sie wirklich ziemlich pedantisch. Außerdem habe ich noch nicht einmal meinen Krankenschein dabei.«

»Was würde das schon ausmachen?« — »Nun, wenn Sie mich in diesem schlimmen Zustand nicht erkennen, würden sie mich nicht hineinlassen. Sie würden niemanden in meinem Zustand ohne einen Krankenschein hereinlassen. Sie müssen doch sicher sein, daß die Kosten für die Behandlung nicht dem Krankenhaus aufgebürdet werden. Sie müssen an ihre Institution denken. Bringen Sie mich nur an den Straßenrand. Ich schaffe es schon irgendwie. Es ist meine Schuld, daß ich angefahren worden bin. Warum sollten die Krankenschwestern meinetwegen ihre saubere Tracht beschmutzen? Sie würden mir bestimmt Vorwürfe machen.«

Mit diesen Worten versuchte er in den Graben zu kriechen, während die anderen fortgingen. Vielleicht hat er es geschafft — vielleicht auch nicht. Vielleicht versucht er immer noch, seine eigenen Wunden zu stillen.

Klingt diese Geschichte für Sie recht merkwürdig und lächerlich? Sie könnte jeden Sonntag geschehen ... in einer typischen Gemeinde. Ich weiß, daß es so ist. Gestern abend habe ich einige aktive Christen gefragt, was sie tun würden, wenn sie am Samstagabend von einer schlimmen Sünde »angefahren« worden wären. Ohne Ausnahme sagten sie:»Ich würde am nächsten Morgen ganz bestimmt nicht zur Kirche gehen wollen, wo mich jeder sehen kann.«

Die Atmosphäre der Unterhaltung war freundlich und entspannt. Wenn es uns erwischen würde, wenn wir von einer Sünde angefahren würden, überlegten wir uns, würde es uns besser gehen, wenn wir in die Kneipe gingen anstatt in die Kirche ... Dort könnten wir auf Mitleid und Verständnis hoffen. Wir forschten weiter: Ist die Gemeinde ein Ort für nachgemachte Heilige? Hübsch zurechtgemacht und wohlriechend? Oder ist sie für die Verletzten da, die wissen, daß sie angefahren sind und die wollen, daß ihnen geholfen wird? Diese Frage betrifft nicht nur die Gemeinde als Ganzes, sondern auch mich persönlich als einzelnes Individuum – einen Sünder, der durch Gnade gerettet wurde. Versuche ich, mich in einer Elitegruppe zu isolieren, oder bin ich bestrebt, anderen in ihrer großen Not zur Seite zu stehen? »Seht, welch eine Liebe haben sie untereinander.« Die Gewinner und die Verlierer, die Gesunden und die Kranken, die Leidenden und die Glücklichen, ich muß in der Gemeinde sowohl Gebender als auch Empfangender sein. Dann werden die Leidenden voller Erwartung sagen: »Bitte nimm mich mit in die Gemeinde.«

Die Heilung der Erinnerungen setzt eine Gemeinschaft der Gläubigen voraus, die so viel Liebe und Anteilnahme zeigt, wie die Freunde des gelähmten Mannes in der Bibel. Sie gingen das Risiko ein, das Dach aufzureißen, um ihn in die Gegenwart Jesu zu bringen, damit er ihn heilen konnte. Die Menschen werden es nur unter *Vertrauensbedingungen* zulassen, daß ihre schmerzhaftesten Erinnerungen wieder in ihr Bewußtsein gelangen und damit die Risiken eingehen, die mit einer möglichen Heilung verbunden sind. Sie fragen sich vielleicht, wie man diese Bedingungen schaffen kann. Ich möchte Sie an den Inhalt der Guten Nachricht erinnern: Christus wurde gekreuzigt und ist auferstanden. Hören wir uns einmal den Bericht des Johannes über die Geschehnisse an jenem ersten Osterabend an (Joh. 20,19-20): »Als es nun an jenem ersten Wochentag Abend geworden war und die Türen verschlossen waren an dem Ort, wo sich die Jünger versammelt hatten, aus Furcht vor den Juden, kam Jesus und trat mitten unter sie und spricht zu ihnen: Friede sei mit euch! Und als er das gesagt hatte, zeigte er ihnen seine Hände und seine Seite...« *Der auferstandene Christus kam mitten durch die Türen, die aus Furcht verschlossen worden waren.*

Preis sei Gott! Unser auferstandener Herr kann heute noch mitten durch die Verteidigungswälle und Türen hindurchgehen, die aus Furcht lange verschlossen geblieben sind. Er kann den leidenden und betrübten Herzen noch immer Frieden bringen. Er tut es, indem er *Worte des Friedens spricht* und *seine Wunden zeigt* — der Preis, den er gezahlt hat, um uns diesen Frieden zu bringen. Es liegt an uns, seinen Jüngern, uns in seinem Namen und in seinem Geist zu versammeln, um die Atmosphäre für seine heilende Gegenwart zu schaffen.

5. Kapitel

Biblische Grundlagen für die Heilung der Erinnerungen

Es ist für uns von entscheidender Bedeutung zu erkennen, daß die Heilung der Erinnerungen durch die Schrift, die unsere letztendliche Autorität in allen Fragen des Glaubens und Handelns sein sollte, fundiert ist. Einige Menschen lehnen ausnahmslos alle Formen der inneren Heilung rundweg ab, weil die Bibel sie nicht ausdrücklich erwähnt und definiert. Wenn wir diese Art von Überlegung auf alles anwenden, würden wir zu fanatischen und sogar gefährlichen Extremen verleitet – wir würden keine Kleider mit Knöpfen tragen, keine Autos fahren, keine Pianos, Orgeln oder Lautsprechersysteme in unseren Gemeinden verwenden, einem kranken Kind das Penicillin verweigern und dadurch seinen Tod herbeiführen. Wir würden leugnen, daß alle Wahrheit von Gott kommt und daß wir eine geistliche Verpflichtung haben, jede neue Einsicht und Entdeckung – gleichgültig in welchem Lebensbereich – zu Gottes Ehre und zum Besten des Menschen einzusetzen.

Es ist nicht das grundlegende Kriterium, ob eine Praxis in der speziellen Form oder Sprache, die wir heute verwenden, in der Bibel erscheint. Vielmehr müssen wir fragen, ob diese Praxis den in der Bibel verankerten Prinzipien widerspricht oder mit ihnen in Einklang steht. Aus dieser grundlegenden Überzeugung heraus sind wir Christen dankbar für all die neuen Wahrheiten, Einsichten und Entdeckungen auf vielen Wissensgebieten wie der Medizin, der Soziologie, der Mathematik, der Physik und der Psychologie. Wenn wir die biblischen Lehren betrachten, stoßen wir auf Prinzipien, auf die wir die Heilung der Erinnerungen gründen können.

Kindische Züge ablegen

Es ist notwendig, kindische Züge abzulegen, um geistlich erwachsen zu werden. Es gibt im Neuen Testament zwei verschiedene griechische Wörter, die sich auf die Kindheit beziehen. Es ist wichtig, daß wir sie unterscheiden.

Das Wort *Paidion* bezieht sich auf die Kindheit im gesunden und normalen Sinn. Unsere Begriffe Pädiatrie und Pädiater leiten sich von dieser Wurzel ab. Paidon ist das Wort, das Jesus gebrauchte, als er ein kleines Kind vor die Jünger hinstellte und sie aufforderte, dieselben Eigenschaften der Demut und der Lernwilligkeit anzunehmen wie dieses Kind. Er ging soweit, daß er ihnen sagte:»Wahrlich, ich sage euch, wenn ihr nicht umkehret und werdet wie die Kinder, so werdet ihr nicht in das Himmelreich kommen!« (Matth. 18,3). Während wir dazu neigen, Kindern zu sagen, daß sie groß werden und sich mehr wie Erwachsene benehmen sollen, sagte Jesus stets den Erwachsenen, daß sie mehr den Kindern gleichen sollten! Heute würden wir im Zusammenhang mit diesem Gedanken das Wort *kindlich* gebrauchen. Die Bibel sagt uns ganz eindringlich, daß wir in unserem Glauben, in unserer Demut, in unserer Annahme und unserer Offenheit anderen gegenüber *kindlicher* sein sollen. Wir sollen niemals aus diesen *kindlichen* Eigenschaften herauswachsen.

Das andere Wort heißt *nepios*. Es bezieht sich auf die Kindheit in einem ungesunden und unnormalen Sinn. Es bezeichnet einen Zustand der verlängerten Säuglings- und Kinderzeit bei einem Menschen, der schon längst der Kindheit entwachsen sein sollte. Nichts ist wohl schöner als ein Kind, das sich wie ein Kind benimmt, jedoch ist nichts schrecklicher als ein Erwachsener, der sich immer noch wie ein Kind aufführt. Diese Art von Verhalten kann äußerst irritierend und manchmal sogar zerstörerisch sein. Heutzutage bezeichnen wir solch eine Person als *kindisch*. Wenn das Verhalten extrem kindisch ist, gehen wir noch weiter zurück auf eine frühere Stufe unseres Lebens und sagen *infantil*. *Nepios* ist das Wort, das Paulus in Römer 2,20; Galater 4,1 und 1. Korinther 3,1 gebrauchte, als er geistlich unreife Menschen beschrieb. In seinem großen Kapitel über die Liebe — 1. Korinther 13,11 — schrieb er: »Als ich ein Kind war, redete ich wie ein Kind, dachte wie ein Kind und urteilte wie ein Kind; als ich aber ein Mann wurde, tat ich ab, was kindisch war.« Hier spricht er von einer Kombination von emotionaler und geistlicher Unreife. Ist dieser Vers in dem großen Kapitel über die Liebe vielleicht fehl am Platz? Keineswegs, denn die kennzeichnenden Eigenschaften und das Verhalten der *Agape*-Liebe erfordern ein gewisses Maß an emotionaler und geistlicher Reife. Dieses Maß kann niemals erreicht werden, wenn wir nicht die kindischen Züge ablegen.

Das Wort, das Paulus hier für *ablegen* gebraucht, ist das starke griechische Wort *katergeo*. Es bedeutet »lahmlegen; außer Kraft setzen; etwas seiner Bedeutung berauben; befreien von etwas, was einen gebunden hat«. Wir erlangen nicht einfach dadurch größere Reife, daß wir älter werden. Wir können unserem Lebensalter nach Erwachsene und doch psychisch noch Kinder sein. Dem Kindischen ein Ende zu machen setzt aktives Handeln der betreffenden Person voraus.

Dieses biblische Prinzip stellt eine gute Grundlage für die Tatsache dar, daß manche Menschen sich einer Heilung der Erinnerungen unterziehen müssen. Gewisse Probleme, die innere Reife verhindern, bezeichnen wir als *Komplexe*. Wir sagen, daß Menschen durch ihre Komplexe gebunden sind. Diese Bezeichnung ist erstaunlich präzise. Wenn Menschen sich niemals ihren schmerzlichen Erinnerungen gestellt haben und davon gelöst (losgebunden) worden sind, sind sie *psychisch auf einer gewissen Alters- und Entwicklungsstufe stehengeblieben*. Gewiß, ihr Körper hat die Größe eines Erwachsenen und ihr Denken ist voll entwickelt, aber ihre Gefühle sind niemals über ein gewisses Maß hinausgewachsen. An einem bestimmten Punkt blieben sie stecken, konnten sie nicht mehr weiter. Daher gebraucht man im Englischen den Begriff »Hang-up« für persönliche und emotionale Komplexe. Viele dieser »Hang-ups« oder Komplexe resultieren aus Erinnerungen, die uns binden und uns wie ein Schraubstock umklammern. Solche schmerzlichen Erinnerungen sind wie Gewichte, die man an den Körper eines Schwimmers gebunden hat. Sie ziehen ihn ständig hinab, so daß er nur mit Mühe in der Lage ist, sich über Wasser zu halten. Er verbraucht so viel emotionale und geistliche Energie, daß er nicht in der Lage ist vorwärtszukommen.

Phil und seine Frau Jane kamen zu mir und baten mich um Hilfe, nachdem sie einige Monate lang einen Eheberater aufgesucht hatten. Sie liebten einander sehr und fühlen sich beide stark verpflichtet, ihre Ehe zusammenzuhalten. Sie erklärten ihre Bereitschaft, hart daran zu arbeiten. Genau das hatte Phil bisher getan. Das Hauptproblem ihrer Ehe bestand darin, daß Phil die tiefe Liebe, die er für Jane empfand, nicht zum Ausdruck bringen konnte, weder in Worten noch in körperlichen Zärtlichkeiten. Natürlich beeinträchtigte das die Beziehung in vieler Hinsicht. Sie erhielt einfach nicht das normale Maß an emotioneller Erfüllung, und das machte sie gereizt und ungeduldig. Er versuchte, dieses Problem auszugleichen, indem er ihr im Haushalt viel Arbeit abnahm — er half sogar zuviel und drang damit oft in ihre eigensten Bereiche ein. Sie sah das als Einmischung und als Herabsetzung ihrer hausfraulichen Fähigkeiten. Sie sagte: »Ich schätze seine Hilfsbereitschaft, aber dadurch bekomme ich das Gefühl, daß er mit der Art, wie ich die Dinge tue, nicht zufrieden ist.« Und so hatte ein immerwährender Kreislauf von negativen Emotionen begonnen, die immer weiter eskalierten.

Der Eheberater schien nur einen einzigen Ansatz zu kennen: die Situation analysieren und herausfinden, wo die Probleme liegen und dann durch Gebet und aktives Bemühen die Verhaltensweisen ändern, die die negativen Gefühle hervorrufen. Dieser Ansatz ist sicherlich sehr gut, und ich habe erlebt, wie er in vielen Situationen Wunder gewirkt hat. Es ist jedoch nicht der einzige, denn es gibt viele Menschen, die erst in der Lage sind, ihre Einstellung und ihre Handlung zu ändern, nachdem sie die Komplexe überwunden haben, die einer Veränderung entgegenstehen. Oft müssen zuerst die intrapsychischen (inneren) Ursachen des Zusammenbruchs der interpersonalen Beziehungen behandelt werden.

Phils Mutter war gestorben, als er zehn Jahre alt war. Danach lebte er jahrelang allein mit seinem Vater. Nach einer Weile begann der Vater, unmäßig zu trinken und ihn gelegentlich zu mißhandeln, manchmal sogar sexuell. Das Haus war unaufgeräumt und schmutzig, und Phil konnte niemals Freunde mit nach Hause bringen. Jahrelang gingen ständig eine große Anzahl von Frauen, die die Nacht mit seinem Vater verbrachten, in ihrem Haus ein und aus. In sehr jungen Jahren wurde Phil zuviel Verantwortung aufgebürdet, und er wurde zum Einzelgänger. In einer unserer Sitzungen, als er seine Lebensgeschichte erzählte, erlaubte er sich selbst, seinen Gefühlen freien Lauf zu lassen. Den Tränen nahe und mit bebender Stimme sagte er: »*Ich schätze, ich habe es gelernt, mit all dem fertig zu werden, indem ich es mir selbst nie gestattete, etwas zu fühlen. Ich habe es nicht gewagt, in den gelegentlichen glücklichen Momenten wirklich Freude zu empfinden, weil ich wußte, daß sie nicht andauern würden und habe mir auch nicht erlaubt, zu weinen oder niedergeschlagen zu sein, weil ich einfach durchhalten mußte. Ich denke, ich hatte in Wahrheit einfach Angst, mir Gefühle zuzugestehen, und mittlerweile weiß ich schon gar nicht mehr, wie das geht.*«

Phil hatte eine ungewöhnliche Bitte — er wollte, daß Jane während der Gebetszeit für die Heilung dieser schmerzlichen Erinnerungen bei ihm war. Während wir alle gemeinsam weinten und beteten, war sie sehr verständnisvoll und umarmte ihn, ja, wie die Mutter, die ihm so sehr gefehlt hatte. Phil mußte sehr mutig sein und sich vielen unangenehmen und schmerzlichen Erinnerungen stellen. Als sie ihm bewußt wurden, hatte er seinem Vater sehr viel zu vergeben und seinerseits von Gott viel Vergebung für seinen Groll zu empfangen.

Nachdem er von diesen Ketten der Vergangenheit befreit war, war er gemeinsam mit Jane in der Lage, die angemessenen Veränderungen in ihrem Verhalten vorzunehmen, die man ihnen geraten hatte. Das war keineswegs leicht, sie mußten hart daran arbeiten und brauchten viel Ermutigung und Seelsorge. *Aber jetzt war es wenigstens möglich, während das vorher nicht der Fall gewesen war.* Warum? Weil die Art von Liebe, die für die Durchführung dieser Veränderungen erforderlich war, erst möglich wurde, als einige »kindische Züge« abgelegt (katargeod) worden waren — sie waren außer Kraft gesetzt und konnten seinen gegenwärtigen Bemühungen im Erwachsenenleben nicht länger entgegenwirken. Die Heilung seiner Erinnerungen machte ihn frei, so daß er sich selbst erlauben konnte, Gefühle zu haben. Dieser Schritt war eine absolute Voraussetzung, bevor er lernen konnte, seine Gefühle für Jane zum Ausdruck zu bringen. Diese Art der inneren Heilung steht in völligem Einklang mit dem oben angeführten biblischen Prinzip.

Christus als gegenwärtigen Helfer akzeptieren

Jesus Christus ist der ewige Begleiter der Menschheit, der Herr der Zeit und unser Arzt. Sein Heiliger Geist ist unser stets gegenwärtiger und erreichbarer Helfer. Das Gebet stellt den wichtigsten Teil der Heilung der Erinnerungen dar. Durch den Gebrauch unserer Vorstellungskraft versuchen wir, die schmerzlichen Erinnerungen vor unserem geistigen Auge wiedererstehen zu lassen und sehen das Ereignis so vor uns, wie es damals stattgefunden hat. Wir beten, als würden wir tatsächlich an jenem Ort zu Gott sprechen, und bitten ihn, das für uns zu tun, worum wir ihn gebeten hätten, wenn wir damals und an jenem Ort gebetet hätten. Wir bitten ihn, das kleine Kind bzw. den Jugendlichen zu heilen, der diese Erfahrungen durchlebte — jene Dinge, die das Kind gewissermaßen an diesem Punkt in seinem Leben festhielten, durch die er in diesem Wachstumsstadium steckenblieb. Wie kann so etwas möglich sein, wo sich die Vorfälle doch vor vielen Jahren ereigneten? Wie können unsere heutigen Gebete das innere Kind bzw. den Jugendlichen in ferner Vergangenheit beeinflussen?

Die Schrift sagt uns, daß Christus der Herr der Zeit ist — der Vergangenheit, der Gegenwart und der Zukunft. In einem sehr realen Sinn ist er der ewige Begleiter der Menschheit, »derselbe gestern, heute und in Ewigkeit« (Hebr. 13,8). Als Johannes der Täufer Jesus den Menschen vorstellte, sagte er: »Dieser war es, von dem ich sagte: Der nach mir kommt, ist vor mir gewesen, denn er war eher als ich« (Joh. 1,15). In einer anderen Schriftstelle wird dies durch einen Wechsel der grammatischen Zeit wunderbar ausgedrückt. Als die Juden unseren Herrn verhöhnten: »Du bist noch nicht fünfzig Jahre alt und hast Abraham gesehen?«, antwortete er mit den Worten:»Wahrlich, wahrlich ich sage euch, ehe Abraham ward, bin ich!« (Joh. 8,57-58).

Wenn Christus diese Behauptungen zur Zeit seines irdischen Wandels aufstellen konnte, wieviel mehr gelten sie jetzt im Hinblick auf den auferstandenen, zum Himmel aufgefahrenen und verherrlichten Christus! Er übersteigt Zeit und Raum, die ja schließlich nur endliche Vorstellungen unseres begrenzten, menschlichen Lebens sind. Jesus zeigte nach seiner Auferstehung bei zahlreichen Gelegenheiten, daß er nicht durch Zeit und Raum gebunden war, sondern überall und zu jeder Zeit erscheinen konnte. In gewisser Hinsicht herrscht bei ihm stets Gegenwart. Da wir durch Zeit und Raum gebunden sind, sagen wir, Christus»geht in der Zeit zurück«, um einer leidenden Person zu helfen. Da unser Denken endlich und begrenzt ist, verstehen wir nicht, *wie* er dies vollbringt, aber wir können uns sehr gut *vorstellen, daß er es tut.* Ja, auf der Grundlage der Schrift sind wir berechtigt, ihn uns im *Hier und Jetzt* gegenwärtig vorzustellen.

Aber ist dies alles nicht bloße Autosuggestion? Eine Art von Selbsthypnose, mit deren Hilfe wir uns selbst durch den Gebrauch von geistigen Bildern und starker Vorstellungskraft psychisch aufputschen? Nein, denn die Verheißungen hinsichtlich des Wirkens des Heiligen Geistes und seiner helfenden Gegenwart und Vollmacht versichern uns, daß er wirklich da ist. Es ist der Heilige Geist, der uns den transzendenten Christus in unserem Innern ganz nahe bringt. Der Heilige Geist versichert uns, daß er wahrhaftig neben uns ist und»am anderen Ende mitanpackt«. Später werden wir noch auf einige der Bilder von Jesus eingehen, die bei der Heilung der Erinnerungen hilfreich sein können. Diese Bilder beruhen auf biblischen Symbolen, jedoch die *Form* der geistigen Vorstellung, durch die wir uns seine Gegenwart ausmalen, ist das Produkt unserer Vorstellung. Die Tatsache seiner Gegenwart, die wir uns mit Hilfe dieser Bilder vorstellen, wird durch die Verheißungen der Schrift zugesichert.

Zielgerichtetes Beten

Wir müssen in unserem Sündenbekenntnis und in unseren Gebeten zielgerichtet sein. Die Schrift legt großen Wert darauf, daß wir schonungslose moralische Ehrlichkeit an den Tag legen, wenn wir uns unseren Sünden, unserem Versagen und unseren Nöten stellen. In dem ersten Bericht über den Ungehorsam des Menschen im Garten Eden erkennen wir die menschliche Tendenz, Dinge zu verschleiern, wenn irgendeine Art von emotionellem Schmerz im Spiel ist. Als Gott der Herr wie gewöhnlich in den Garten herabstieg, um mit Adam und Eva Gemeinschaft zu haben, versteckten sie sich vor seiner Gegenwart hinter den Bäumen des Gartens. Als Gott Adam rief und fragte, wo er war, antwortete dieser: »Ich ... fürchtete mich; denn ich bin nackt, darum verbarg ich mich!« (1. Mose 3,8-10). Seit jener Zeit haben viele Menschen Angst davor verspürt, offen und unbedeckt zu sein, nicht nur vor Gott, sondern auch vor anderen und *vor sich selbst*. Es ist diese Furcht, die in unserer gefallenen, entstellten Persönlichkeit ein extremes Maß erreicht hat und auch in den unterdrückten Erinnerungen, die uns Schmerzen verursachen, zum Tragen kommt. Wir bedecken und verstecken uns lieber, als daß wir uns ihnen stellen. Diese Verschleierungstaktik durchdringt unsere Persönlichkeit auf jedem Gebiet. Sie ist die Hauptursache unserer Furcht und unserer Schuld und die wichtigste Ursache für Störungen in unseren Beziehungen. Das biblische Rezept gegen diesen menschlichen Krankheitsherd heißt Ehrlichkeit, Offenheit, Buße und Bekenntnis. Jesus nannte den Heiligen Geist den Geist der Wahrheit! (Joh. 14-16). Der Apostel Johannes verwendete das Wort *Wahrheit* zweiundzwanzigmal in seinem Evangelium und neunmal in seinem ersten Brief. Im ersten Brief des Johannes erkennen wir, daß Wahrheit und Sündenbekenntnis mit unserer Beziehung zu Gott, zu anderen und zu uns selbst in direktem Zusammenhang stehen. Lassen Sie mich das näher erklären.

Jahrhunderte bevor der Wissenszweig, den wir die Psychologie nennen, seinen Anfang nahm, beschrieb Johannes eine Strategie, die wir heute als »Abwehrmechanismen« bezeichnen. Darunter verstehen wir einfach die unterschiedlichen Strategien, mit denen wir Menschen es vermeiden, der Wahrheit ins Gesicht zu sehen, und uns so vor Angst und Sorge zu schützen versuchen. Diese Mechanismen ändern nichts an den wirklichen Tatsachen oder der eigentlichen Situation. Sie ändern lediglich unsere Sichtweise. Wir schützen uns selbst, indem wir uns täuschen, damit wir uns nicht ändern müssen. Betrachten wir die Worte des Apostels Johannes näher:

»Und das ist die Botschaft, die wir von ihm gehört haben und euch verkündigen, daß Gott Licht ist und in ihm gar keine Finsternis ist. Wenn wir sagen, daß wir Gemeinschaft mit ihm haben, und doch in der Finsternis wandeln, so lügen wir und tun nicht die Wahrheit; wenn wir aber im Lichte wandeln, wie er im Lichte ist, so haben wir Gemeinschaft miteinander, und das Blut Jesu Christi, seines Sohnes, reinigt uns von aller Sünde. Wenn wir sagen, wir haben keine Sünde, so verführen wir uns selbst, und die Wahrheit ist nicht in uns; wenn wir aber unsere Sünden bekennen, so ist er treu und gerecht, daß er uns die Sünden vergibt und uns reinigt von aller Ungerechtigkeit. Wenn wir sagen, wir haben nicht gesündigt, so machen wir ihn zum Lügner, und sein Wort ist nicht in uns« (1. Joh. 1,5-10). Wir erkennen hier, wie Johannes die auch bei den Psychologen verwendeten drei hauptsächlichen Abwehrmechanismen beschreibt. Ich nenne sie in der Reihenfolge ihrer Bedeutung:

• Verleugnung. Dies ist die einfachste und direkteste Form. Wir verleugnen einfach etwas, lügen im Hinblick auf eine bestimmte Sache. Wir weigern uns, sie anzuerkennen, wollen nicht darüber nachdenken oder sprechen. Johannes sagt in Vers sechs dazu: »Wenn wir sagen, daß wir Gemeinschaft mit ihm haben, und doch in der Finsternis wandeln, so lügen wir und tun nicht die Wahrheit...«

• Rationalisierung. Diese Abwehrstrategie ist komplizierter und daher ernsthafter. Sie ist keine so offene Strategie wie die Lüge, sondern raffinierter. Hier versuchen wir, Gründe für die Rechtfertigung unseres Verhaltens zu finden. Jemand hat einmal gesagt, daß es für all unser Handeln zwei Gründe gibt: einen *guten* Grund und den *wahren* Grund! Wir täuschen nicht nur einen anderen Menschen, sondern in diesem Fall täuschen wir uns selbst. Es ist eine tiefgreifendere Täuschung als Verleugnung oder Lüge, weil wir uns ihrer oft nicht bewußt sind. Johannes sagt in Vers acht dazu:»Wenn wir sagen, wir haben keine Sünde, so verführen wir uns selbst, und die Wahrheit ist nicht in uns...«

● Projektion. Sie ist die schwerwiegendste aller Mechanismen, weil wir mit ihrer Hilfe in unserer Täuschung noch einen Schritt weiter gehen, indem wir anderen die Schuld für unsere Probleme geben. Wir projizieren unser Versagen auf jemand oder etwas anderes und behaupten, daß *sie das Problem haben*. Johannes beschreibt das in Vers zehn überaus genau: »...so machen wir ihn (Gott) zum Lügner, und sein Wort ist nicht in uns.« Es beginnt damit, daß wir uns selber belügen, und schließlich behaupten wir sogar, daß es Gott ist, der lügt:»Ich bin nicht der Lügner, *Er ist es!*« Diese Schriftstelle ist natürlich in den Zusammenhang von moralischen und geistlichen Themen eingebettet. Aber sie hat auch im Hinblick auf unser Thema eine bestimmte Bedeutung, denn ihre Prinzipien erstrecken sich auch auf die emotional-geistlichen Gebiete des Lebens. Einer der Gründe, weshalb ungeheilte Erinnerungen in unserem Leben solche Probleme hervorrufen können, besteht darin, daß sie gewöhnlich mit vielen negativen Gefühlen wie Furcht, Verletzung, Wut, Schuld, Scham und Sorge verbunden sind. Immer wieder steigen diese Gefühle in uns auf, und wir fragen uns, wo sie herkommen. Wir sind verwirrt, weil wir nicht in der Lage sind, die genaue Ursache der Gefühle auszumachen. Das führt dazu, daß wir uns schuldig fühlen, denn »Christen sollten solche Gefühle nicht haben«. Daher quält uns nicht nur das Problem, sondern wir laden uns selbst zusätzlich noch Schuldgefühle dafür auf, daß wir es überhaupt haben. Die Schwierigkeit liegt in der Tatsache, daß *wir nicht in der Lage sind, zielgerichtet darüber zu beten.* Es ist wie ein Kampf mit einem Nebelphantom. Was uns dringend fehlt, ist die Fähigkeit, die spezifische Not zu entdecken − wir müssen das wirkliche Problem erkennen, damit es angegangen werden kann. Dem liegt ein sehr wichtiges Prinzip zugrunde: *Wir können Gott nichts bekennen, was wir vor uns selbst nicht eingestehen.* Und daher legen wir unsere allgemeinen Bekenntnisse ab, empfangen und gewähren allgemeine Vergebung und stehen am Ende mit einer nebligen, schwammigen, verallgemeinerten Beziehung zu Gott da.

Wir tun dies nicht absichtlich, aber da eine *Vielzahl von spezifischen Punkten mit Hilfe unserer Abwehrmechanismen in unseren begrabenen Emotionen verborgen sind, können wir emotional und geistlich von ihren heftigen Angriffen nicht frei werden.* Wir müssen die Situation, die Erfahrungen und die Einstellungen aufdecken, die die negativen Emotionen verursachen und es dem Heiligen Geist erlauben, sie ganz zielgerichtet zu behandeln. Genau das ist es, was während des Gebets für die Heilung der Erinnerungen so häufig geschieht. Statt der allgemeinen Gebete »O Gott, bitte hilf mir, meine Eltern mehr zu lieben« oder »Hilf mir, meinem Bruder oder meiner Schwester zu vergeben«, wird jetzt die spezifische Verletzung in allen Einzelheiten erwähnt. »O Herr, ich war so verletzt an dem Tag, als mein Vater mein Spielzeug quer durch den Raum geworfen und kaputtgemacht hat, nur weil ich aus Versehen Wasser auf sein Buch geschüttet hatte, und dann hat er über mich gelacht, als ich weinte. Ich war so wütend, ich habe ihn wirklich dafür gehaßt. Ich war wirklich froh, als er an dem Nachmittag den Unfall hatte.« Oder: »Vater, ich habe Frau Slade, meine Lehrerin, niemals richtig vergeben, daß sie mich an dem Tag vor der ganzen Klasse gedemütigt und mich für etwas verantwortlich gemacht hat, was ein anderes Kind getan hatte. Ich wollte es Johnny heimzahlen, daß er gelogen hatte. Ich vergebe ihnen, was sie mir angetan haben, und ich brauche deine Vergebung, o Herr, für diese Jahre des Grolls gegen sie.« Und so geht es weiter.

Zielgerichtete Erinnerungen, denen es endlich erlaubt wurde, an die Oberfläche zu kommen, resultieren in *zielgerichteten Bekenntnissen von spezifischen Gefühlen.* Wenn auf spezifische Weise vergeben und Vergebung empfangen wird, hat das eine tiefe innere Heilung und Reinigung zur Folge. Das Prinzip dieses zielgerichteten Vorgehens ist ein zentraler Bestandteil der Heilung der Erinnerungen und steht in völliger Übereinstimmung mit den biblischen Wahrheiten in bezug auf Buße, Bekenntnis und Heilung. Immer wieder habe ich erlebt, wie es bei der Heilung eines Menschen zum Wendepunkt kam, als ihm seine Erinnerung einige wichtige Details erschloß, die er bis dahin aus seinem Denken verbannt hatte.

Joyce war eine fähige Sozialarbeiterin Ende zwanzig. Weil sie verlobt war und bald heiraten wollte, war sie in unseren Teil des Landes gezogen, um in der Nähe ihres Verlobten zu sein. Innerhalb von sechs Monaten löste er jedoch die Verlobung. Sie war am Boden zerstört und suchte Hilfe, denn der Schock der Ablehnung zwang sie zu der Erkenntnis, daß dies das vorherrschende Grundmuster in all ihren Beziehungen zu Männern gewesen war. Obwohl Joyce schon seit einigen Jahren Christ war, hatte sie große Schwierigkeiten mit Stimmungsschwankungen, Depressionen und einem allgemeinen Gefühl der Feindseligkeit Männern gegenüber. Da sie als Pendler zur Arbeit fuhr, hatte sie sich einer Fahrgemeinschaft angeschlossen. Die anderen Frauen mochten es nicht, wenn sie als Fahrerin an der Reihe war. Sie sagten ihr, sie hätten Angst, weil ihr Fahrstil »aggressiv« wäre. Zwei dieser Bekannten waren verheiratet. Joyce bemerkte, daß sie immer wütender auf sie wurde, je glücklicher ihre Ehen waren. Sie war eifersüchtig auf die gute Beziehung, die sie zu ihren Männern hatten. Auf ihrer Arbeitsstelle blieb ihren Kollegen ihr aufbrausendes Temperament und ihre Anfälligkeit für Stimmungsschwankungen nicht verborgen. Es war nicht nur ihre zerbrochene Verlobung, sondern auch eine Bemerkung ihrer Kollegin, die sie zu der Erkenntnis brachte, daß sie Seelsorge brauchte. Sie hatte ihr gesagt: »Joyce, du bist wirklich ein ausgeglichener Mensch — du bist immer wütend.«

In der Seelsorge erzählte Joyce von ihrem Elternhaus, in dem ein unglaubliches Maß an Trunkenheit, Konflikten und Kämpfen herrschte. Liebevolle Christen hatten ihr geholfen, Brüder und Schwestern in einer Gemeinde und ein neues Leben in Christus zu finden. Aber der Mangel an väterlicher Zuneigung und Liebe hatte seine Spuren hinterlassen. Sie war beständig bestrebt, diese Leere in ihrem Herzen durch eine Reihe von Männerbekanntschaften zu füllen. Es spielte sich stets nach demselben Grundmuster ab — da sie verzweifelt nach Zuneigung hungerte, wurde sie körperlich mit ihren festen Freunden sehr intim. Obwohl ihre christliche, moralische Wertvorstellung sie davon abhielt, »bis zum letzten« zu gehen, wurde sie doch sehr intim mit ihnen. Das hatte einen Verlust an Selbstachtung zur Folge und führte gewöhnlich zum Zerbruch der Beziehung. Joyce war sehr entmutigt und wütend über ihre eigenen inneren Zwänge. Sie war sicher, dies sei Gottes Strafe für sie, er würde es nie zulassen, daß sie eine dauerhafte Beziehung eingehen und einen Ehemann finden könnte.

In einer ausführlichen Gebetszeit gingen wir eine lange Liste von Verletzungen, erniedrigenden Erlebnissen, Haß- und Schuldgefühlen durch. Ein ganzer Strom an Gefühlen brach sich Bahn. Nach viel Kampf schenkte Gott ihr Gnade zu vergeben, und sie wurde von ihrer Bitterkeit gereinigt. Dann, als wir annahmen, sie sei fertig, zog der Heilige Geist den Schleier der Erinnerung hinweg und rief ihr etwas wieder ins Gedächtnis. Spezifische Einzelheiten einer erniedrigenden sexuellen Erfahrung, die sie in einer Nacht mit einem Mann gehabt hatte, standen ihr auf einmal kristallklar vor Augen. Voller Schmerz durchlebte sie die schrecklichen Gefühle von damals im Gebet noch einmal: »O Jesus, ich fühle mich so schrecklich, ich bin von mir selbst enttäuscht, und ich habe dich durch mein schlechtes Zeugnis verraten. Ich habe all meine Selbstachtung verloren. Ich habe keinen Glauben mehr an mich selbst, daß ich als Christ meinen Glauben leben könnte. Ich gebe mich selbst auf – und ich habe den Eindruck, daß du mich auch aufgegeben hast.«

Sie erkannte dann, daß diese Nacht ein Wendepunkt hin zum Selbsthaß und zur Verzweiflung gewesen war. Seit jener Nacht hatte sie den Eindruck gehabt, daß Gott sie strafte; sie hatte sich durch ihr selbstzerstörerisches sexuelles Verhalten selbst bestraft. Im Gebet ließ sie es jetzt zu, daß der gnädige und liebevolle Gott ihr half, als sie diese schreckliche Nacht noch einmal erlebte. Er vergab ihr und schenkte ihr ein erneuertes Gefühl der Reinheit und der Würde als Frau. Es war eine gesegnete Zeit der Reinigung und der Wiederherstellung. Welch eine Freude war es für mich, als ich sie zwei Jahre später mit einem aufrichtigen jungen Christen trauen durfte. Der schönste Teil der Trauzeremonie war das Zeugnis der beiden. Sie berichteten, wie Gott die zerbrochenen Teile ihres Lebens wieder zusammengesetzt hatte und ihnen jetzt einen neuen Anfang schenkte. Ich habe mit ihr seitdem oft über diese Veränderung gesprochen. Sie erinnert mich immer daran, daß die heilende Veränderung ihren Anfang nahm, als sie

Gott eine Vielzahl von genauen Einzelheiten bekennen konnte und nicht mehr lediglich in allgemeiner Form betete.

Einander helfen

Es gehört zum Lebensprinzip des Leibes Christi, daß Christen zur gegenseitigen Heilung beitragen. Jakobus verkündete diese Wahrheit in seinem Brief: »Und das Gebet des Glaubens wird den Kranken retten, und der Herr wird ihn aufrichten; und wenn er Sünden begangen hat, so wird ihm vergeben werden. So bekennet denn einander die Sünden, damit ihr geheilt werdet!« (Jak. 5,15-16). Unser Herr selbst gab uns die große Verheißung des gemeinsamen Gebets. »Weiter sage ich euch, wenn zwei von euch übereinkommen werden auf Erden über irgend eine Sache, für die sie bitten wollen, so soll sie ihnen zuteil werden von meinem Vater im Himmel. Denn wo zwei oder drei in meinem Namen versammelt sind, da bin ich mitten unter ihnen« (Matth. 18,19-20).

Die Art von Gebet, die während der Heilung der Erinnerungen eingesetzt wird, steht in völliger Übereinstimmung mit den Befehlen »einander die Sünden zu bekennen« und über den Inhalt des Gebets »übereinzukommen«, bevor man um Gebetserhörung bittet. Die Schrift macht deutlich, daß einige Bitten ein vereintes, offenes und mitteilsames Gebet erfordern, bevor sie erhört werden können. Auch hier setzen sowohl das »Bekennen« und das »Übereinkommen« die zielgerichteten genauen Angaben voraus, auf die Gott antwortet.

Ich halte es für bedeutsam, daß Jesus einen Vers vor der mit der »Übereinkunft« verbundenen Verheißung sagt: »Was immer ihr auf Erden binden werdet, wird auch im Himmel gebunden sein; und was immer ihr auf Erden lösen werdet, wird auch im Himmel gelöst sein.« Die Verse, die dann folgen, enthalten einige der wichtigsten Lehren über das Thema des Vergebens und der empfangenen Vergebung, die wir im Neuen Testament finden. Zweifellos paßt all dies wunderbar in den Zusammenhang des Gebets für die Heilung der Erinnerungen. Es scheint, daß es in Gottes Plan verschiedene Arten von Heilung gibt — körperliche, emotionale und geistliche – die nur durch den Dienst anderer Glieder des Leibes Christi stattfinden können.

Bekenntnis und Erneuerung

Ich möchte keinesfalls versäumen, am Schluß dieses Kapitels darauf hinzuweisen, daß dieses besondere biblische Prinzip jetzt auch durch die neuesten Ergebnisse der medizinischen und psychologischen Forschung bestätigt worden sind. Im *Lexington Herald-Leader* erschien am 23. September 1984 ein Artikel vom Nachrichtendienst der *New York Times*. Er trug den Titel »Positive Auswirkungen der Beichte auf die Gesundheit« und stellte fest: »Was immer die Beichte für die Seele bewirkt, für den Körper scheint sie jedenfalls gut zu sein. Neue Studien belegen überzeugend, daß Menschen weniger anfällig für Krankheiten sind, wenn sie in der Lage sind, anderen ihre bedrückenden Gefühle oder ein traumatisches Ereignis anzuvertrauen, anstatt den inneren Aufruhr schweigend zu ertragen.« Der Artikel berichtete dann von verschiedenen Experimenten, die bestätigen, daß »langfristige, positive Auswirkungen auf die Gesundheit« erzielt werden, wenn Menschen mit anderen über ihre schmerzlichsten Geheimnisse sprechen.

Dr. James Pennebaker kommt in seiner Untersuchung zu dem Ergebnis: »Wenn man sich einem anderen Menschen anvertraut, wird der Körper vor zerstörerischen inneren Belastungen geschützt, die die Strafe dafür sind, daß man eine bedrückende emotionale Last wie zum Beispiel unausgesprochene Reue mit sich herumträgt.«

Eine ähnliche Untersuchung, die an der Harvard-Universität durchgeführt wurde, zeigt, daß diejenigen, die sich nicht aussprechen, über »weniger effektive Immunsysteme« verfügen.

Es ist interessant, daß die moderne Wissenschaft jetzt endlich langsam zu denselben Erkenntnissen gelangt, die die Schrift schon lange eindeutig gelehrt hat. David sprach sie schon vor Tausenden von Jahren aus: »*Wohl dem, dessen Missetat vergeben, dessen Sünde bedeckt ist! Wohl dem Menschen, dem der Herr* keine Schuld anrechnet und in dessen Geist keine Falschheit ist! Als ich es verschweigen wollte, verschmachteten meine Gebeine durch mein täglich Heulen. Denn deine Hand lag Tag und Nacht schwer auf mir, daß mein Saft vertrocknete, wie es im Sommer dürre wird. – Da bekannte ich dir meine Sünde und ich sprach: 'Ich will dem Herrn meine Übertretung bekennen!' Da vergabst du mir meine Sündenschuld! – Darum möge jeder Fromme dich bitten zur Zeit, da es zu erlangen ist ... Du bist mein Schirm, du wolltest mich vor Gefahren behüten, mit Rettungsjubel mich umgeben!« (Psalm 32,1-7).*

Gibt es ein Beispiel in der Bibel, wo die Prinzipien, die wir beschrieben haben, tatsächlich angewandt wurden, um die schmerzlichen Erinnerungen eines Menschen zu heilen? Ja, wir finden es in Jesu Verhalten Petrus gegenüber, nachdem dieser ihn verleugnet hatte. Das Wort »Kohlenfeuer« wird im Neuen Testament nur zweimal gebraucht. In Johannes 18,18 lesen wir, daß Petrus mit den Dienern und den Offizieren im Hof stand und sich an einem »Kohlenfeuer« wärmte. Dort verleugnete er Jesus dreimal. Später, am Morgen nach der Auferstehung, als Jesus am Ufer für seine Jünger ein Frühstück bereitete, arrangierte er ganz bewußt alle äußeren Umstände für Petrus (Joh. 21,9). Wieder brannte ein »Kohlenfeuer«. Jesus, der meisterhafte Arzt und Psychiater, zwang Petrus, neben einem Kohlenfeuer zu stehen. Oh, wie sehr müssen die Erinnerung und sein Schamgefühl in ihm gebrannt haben. Dreimal hatte er seinen Herrn verleugnet, und dreimal wurde er gebeten, ihm seine Liebe zu versichern — während er vor den glühenden Kohlen stand. Jesus gebrauchte ein Kohlenfeuer, um den Schmerz und die Schamgefühle des Petrus auszubrennen und zu heilen, ähnlich wie eine »glühende Kohle vom Altar«, die der Herr in Jesaja 6 gebrauchte. Als Petrus sich dem Schmerz mit all seinen Begleitumständen wieder gegenübersah, wurde seine Erinnerung geheilt, und er wurde innerlich erneuert und zum Dienst beauftragt.

6. Kapitel

Symptome, die auf die Notwendigkeit einer Heilung der Erinnerungen hindeuten

Wie sind einige der Symptome beschaffen, die darauf hindeuten, daß möglicherweise eine Heilung der Erinnerungen notwendig ist? Ich sage ganz bewußt möglicherweise, denn ich habe stets betont, daß die Heilung der Erinnerungen eine, aber nicht die einzige Form der inneren Heilung ist. Ich möchte an dieser Stelle noch einmal ausdrücklich darauf hinweisen. Bei den hier beschriebenen emotional-geistlichen Störungen sollte nicht automatisch die Heilung der Erinnerungen als einzige geistliche Therapie in Erwägung gezogen werden.

Wenn man sich schmerzlichen Erinnerungen nicht stellt, wenn sie nicht geheilt und als Lebenserfahrung integriert werden, durchbrechen sie oft unsere inneren Verteidigungswälle und verursachen Störungen in unserem Alltagsleben.

Ein Hinweis darauf sind immer wiederkehrende geistige Bilder, Szenen oder Träume, die unseren Gefühlsbereich oder unser geistliches Leben beeinträchtigen.

In der Seelsorge stelle ich den Menschen immer eine Frage, die ungefähr so lautet: »Gibt es gewisse Bilder, die in ihrem Denken immer wiederkehren, die sie nicht in Ruhe zu lassen scheinen, sondern immer wieder auftreten oder wiederholt in ihren Träumen erscheinen, geistige Bilder (Erinnerungen), die so stark sind, daß sie sogar ihr jetziges Leben beeinträchtigen?« Wenn diese Frage bejaht wird, bitte ich die Person, mir genaueres davon zu erzählen. Die Einzelheiten unterscheiden sich zwar drastisch voneinander, das Prinzip ist jedoch dasselbe. Gewisse geistige Bilder werden wie Videoaufzeichnungen von Fernsehprogrammen immer wieder abgespielt. Manchmal ähneln sie Wiederholungen in Zeitlupe — das bedeutet, *daß die mit der Erinnerung verbundenen Emotionen sehr intensiv sind.* Es gleicht der extrem langsamen Zeitlupe bei der Wiederholung einer Sportszene, in der man die Entschlossenheit oder den Schmerz auf dem Gesicht des Sportlers genau *erkennen und mitfühlen kann*. Am stärksten sind diese ständig wiederkehrenden inneren Aufzeichnungen oft unmittelbar vor dem Einschlafen oder kurz vor nächtlichem oder morgenlichem Erwachen. Manchmal erscheinen sie in Träumen (Alpträumen), bei denen die Betroffenen aufschreien, um sich schlagen oder schweißgebadet erwachen. Das kann so intensiv sein, daß sie am nächsten Tag nicht in der Lage sind, ihr Leben zu bewältigen.

Die Charaktere und die Handlungen der immer wiederkehrenden Szenen sind so unterschiedlich wie die Lebensgeschichte der Betroffenen. Ich habe jedoch bemerkt, daß der Inhalt dieser Szenen und der damit verbundene Schmerz in folgenden Punkten auf einen gemeinsamen Nenner gebracht werden kann:

Verletzungen der Seele

In gewisser Hinsicht kann alles, was körperlichen Schmerz oder geistige und emotionale Qual auslöst, als Verletzung bezeichnet werden. Ich möchte diese Überlegungen auf einige im Leben häufiger auftretende Erfahrungen begrenzen, die durch einen Angriff auf das Ich eines Menschen emotionales Leid hervorrufen. Das heutige englische Wort für Verletzung *hurt* stammt von dem älteren mittelenglischen Wort *hurten, hirten* (= treffen oder Schaden zufügen). Dieses leitet sich wiederum von dem alten französichen Wort *hurte* ab (American Heritage Dictionary of the English Language). Alles, was unser Ich trifft oder ihm Schaden zufügt, verursacht in uns Verletzung oder Schmerz. Das kann Menschen in jedem Lebensalter geschehen — dem Säugling, dem Kind, dem Teenager, dem jungen Erwachsenen und dem alten Menschen. Der Kern vieler unserer Verletzungen ist *das Gefühl, abgelehnt zu werden.* Je wichtiger oder bedeutender die uns ablehnende Person für uns ist, umso schwerwiegender trifft uns das Gefühl der Zurückweisung.

Am schmerzlichsten erfahren wir Ablehnung in den ersten Lebensjahren — im Vorschulalter und in den ersten Schuljahren.

Kinder und Säuglinge verstehen die Gründe für eine Handlung, die sie als Ablehnung erfahren, noch nicht. Sie begreifen nicht, warum man sie so behandelt und sind nicht in der Lage, diese Erfahrung angemessen zu verarbeiten. Vielleicht lassen sich für die Vorfälle ganz einleuchtende Gründe finden, aber man kann sie ihnen nicht verständlich machen. Sie haben ihrerseits keine Möglichkeit, ihrer Umgebung ihre Gefühle verständlich zu machen. Oft rufen Unfälle, Krankheiten oder sogar Todesfälle das tiefsitzende Gefühl hervor, abgelehnt zu werden. Eltern, Familienmitglieder, Verwandte, Lehrer, Pastoren oder Freunde werden durch die Umstände gezwungen, einer anderen Sache oder Person mehr Zeit und Aufmerksamkeit zu widmen. Das wird als Ablehnung erfahren und kann in den Erinnerungen eine schmerzliche Wunde hinterlassen.

Michael, ein sehr aufrichtiger junger Christ, suchte mich auf, weil er unter Minderwertigkeitsgefühlen, Depressionen und geistlichen Niederlagen litt. Er war beinahe ständig von der Furcht beherrscht, von seiner Familie, seinen Freunden, ja selbst von Gott verlassen zu werden. Seltsame Gefühle bedrückender Einsamkeit kamen ihm immer wieder ins Bewußtsein und riefen verschwommene, zutiefst beunruhigende Erinnerungen in ihm wach. In vielerlei Variationen kam das Grundthema dieser Bedrückung in den Szenen der Alpträume zum Ausdruck, von denen er nachts verfolgt wurde. Aber all das war so verschwommen, daß er es nicht klar definieren konnte. Eines wußte er ganz sicher — *der Kern des Problems war das Gefühl, abgelehnt zu werden*. Es fiel uns nicht schwer, Michaels Reaktionen zu deuten. In solchen Situationen ist der Kern der Verletzung so schmerzhaft, daß die Person als zusätzliches Problem die entsetzliche Angst entwickelt, abermals auf dieselbe Weise verletzt (in Michaels Fall abgelehnt) zu werden. Dies wird zu einem Teufelskreis — wie bei einer Katze, die sich in den Schwanz beißt! Auf diese Weise wächst die Furcht vor weiterer Ablehnung und neuen Verletzungen immer mehr, bis es die gesamte Lebenseinstellung des Menschen beeinträchtigt. Die Furcht wird schließlich zu einer Erwartungshaltung, und auch die normalsten alltäglichen Lebenserfahrungen werden durch diesen *schmerzvollen Filter* gesehen. All dies veranlaßt den Betroffenen, weitaus größeren Schmerz zu *empfinden*, als es den tatsächlichen, gegenwärtigen Umständen entspricht.

Bei Michael war es leicht, diese schmerzvolle Entwicklung zurückzuverfolgen. Um sich vor den Wunden, die er stets fürchtete, zu schützen, lebte er bewußt isoliert wie in einer Weltraumkapsel. Daher begannen wir mit seinem gegenwärtigen Leben und gingen langsam chronologisch zurück. Wir gebrauchten dabei verschiedene Methoden, die ich in einem späteren Kapitel noch beschreiben werde. Natürlich umgaben wir unsere Sitzungen auch mit viel Gebet und baten beständig um Verständnis und geistliches Unterscheidungsvermögen, das nur der Heilige Geist schenken kann. Einer meiner geistlichen Mentoren aus meiner Anfangszeit beschrieb diesen Prozeß mit Hilfe eines Bildes, das mir unvergeßlich geblieben ist und mir zu einer großen Hilfe in meiner seelsorgerlichen Tätigkeit wurde. Er gab mir den Rat:»Manchmal mußt du einfach solange weiterrudern und beten, bis der Heilige Geist dir die richtige Anlegestelle zeigt!«

Eines Tages zeigte der Heilige Geist Michael und mir den richtigen Anlegesteg der Erinnerungen. Nachdem wir an Land gegangen waren, führte er uns durch ein verborgenes Höhlenlabyrinth, das angefüllt war mit Gefühlen des Verlassenseins und der Zurückweisung. Alles hatte mit der Geburt einer kleinen Schwester begonnen, als Michael vier Jahre alt war. Seine Mutter durchlitt eine schwierige Schwangerschaft und eine überaus schmerzvolle Geburt. Hinzu kommt noch, daß die kleine Schwester mit einem korrigierbaren Geburtsfehler auf die Welt kam, der sehr viel Aufmerksamkeit und beträchtliche finanzielle Ausgaben erforderte. Bis zu dem Zeitpunkt hatte Michael im Mittelpunkt der familiären Fürsorge und Zuneigung gestanden. Das änderte sich jetzt auf drastische Weise. Selbst unter normalen Umständen ist diese »Umverteilung der Liebe« schwierig genug. In Michaels Fall war es traumatisch.

In vielen Familien gelingt es dem älteren Kind, sich anzupassen und »Mamas große Hilfe« zu werden. Auf diese Weise wird es als wichtiger Teil der nun größer gewordenen Familieneinheit miteinbezogen. Aber aufgrund des Geburtsfehlers des Neugeborenen blieb Michael selbst diese Rolle versagt. Er wurde ganz unabsichtlich ausgeschlossen und war von diesem Verhalten, das er als bewußte Ablehnung wahrnahm, zutiefst verletzt. Es kam vor, daß die Schwester längere Zeit von Spezialisten in einer weit entfernten Stadt behandelt werden mußte. Michael blieb dann bei einer unverheirateten Tante, die die Veränderung in seinem Verhalten nicht verstand. Anstatt ihm das Verständnis zu geben, das ihm so fehlte, reagierte sie mit größerer Strenge und härteren Strafen. Michaels Schmerz und sein Gefühl, abgelehnt zu werden, wurden von verworrenen Gefühlen der Furcht, der Wut und der Schuld begleitet. Er war überzeugt, daß er durch sein Verhalten die ganze Situation herbeigeführt hatte — er fühlte sich schuldig an der morgendlichen Übelkeit seiner Mutter, der schwierigen Geburt und dem Geburtsfehler seiner Schwester. Wie jedes Kind hegte er zwiespältige Gefühle der Liebe und der Wut seiner Mutter und seiner kleinen Schwester gegenüber — *bestrafte Gott ihn für diese falschen Gedanken und Gefühle?* Er verdrängte diese unerträglichen Gefühle aus seinem Denken. Aber sein Leben schien immer mehr von Ungerechtigkeit und Schmerz geprägt zu sein. Für einen Erwachsenen mag es lächerlich klingen, aber einem Vierjährigen erscheint all dies ziemlich logisch und vernünftig.

In unserem gemeinsamen Gespräch und Gebet rief sich Michael alles bis in kleinste Einzelheiten ins Gedächtnis — den Teufelskreis der Verletzung, der Furcht, erneut verletzt zu werden und die daraus resultierenden falschen Vorstellungen, die dazu führten, daß er ständig in Erwartung weiterer Verletzung und Ablehnung lebte. Es tauchten eine ganze Reihe von Erinnerungen auf, und er war überrascht über die tiefen Gefühle der Wut und der Bitterkeit seiner Schwester und seiner Tante gegenüber, die durch sie zum Ausbruch kamen. Während der Gebetszeit wurde ich an die Geschichte in Johannes 5 erinnert ...

Sie erinnern sich: die Menschen warteten darauf, daß Gott einen Engel schickte, um das Wasser des Teiches zu bewegen, durch das sie dann geheilt werden konnten. Auf ähnliche Weise bewegte Gott die Oberfläche von Michaels Denken und leitete so eine emotionale und geistliche Hydrotherapie ein. Der einzige Weg zur Heilung bestand für ihn darin, einfach in den Teich der bedrückenden Erinnerungen herabzusteigen, so schmerzhaft es auch sein mochte. Er mußte mehrere Male in diesem Teich untertauchen, bis er eine völlige Erneuerung erfahren durfte. Jedesmal baten wir Jesus, Michael das Verständnis, die Liebe, die Zuneigung und die Vergebung zu schenken, die ihm in einem bestimmten Abschnitt seiner Kindheit gefehlt hatten. Schließlich waren die machtvollen Zwänge seiner immer wiederkehrenden Erinnerungen und Träume, die ihn bis dahin beherrscht hatten, gebrochen. Er konnte lernen, reife und christliche Beziehungen zu anderen Menschen einzugehen. Natürlich mußte er hart daran arbeiten, seine Lebenseinstellung umzuprogrammieren und neue Formen zwischenmenschlicher Beziehungen zu erlernen. Doch nun, *da seine Erinnerungen geheilt worden waren, war er aufgrund dieser neuen Freiheit dazu in der Lage.* Vorher war ihm dies trotz vieler Bemühungen und geistlicher Disziplin nicht möglich gewesen.

Demütigende Erfahrungen

Ein weiteres, oft wiederkehrendes Thema dieser schmerzlichen Rückerinnerungen sind Erlebnisse, bei denen wir erniedrigt oder gedemütigt wurden. Ein Partyspiel oder eine Fernsehsendung mit dem Titel »Der peinlichste Moment meines Lebens« mag vielleicht recht unterhaltsam sein. Dort tauchen Begebenheiten auf, die wir verarbeitet haben und über die wir sogar lachen können. Aber Erinnerungen an Vorfälle, wo wir tief gedemütigt wurden, rufen in uns die schmerzhaftesten Gefühle hervor, von denen einige zu den hauptsächlichen Ursachen von Minderwertigkeitsgefühlen und Depressionen zählen. Stanley, ein Geistlicher in den Vierzigern, erzählte auf einer Wochenendfreizeit einer kleinen Gruppe von einem für ihn entscheidenden Erlebnis. Es war sein erster Schultag, und er war sehr stolz darauf, daß er schon seinen Namen schreiben konnte. Als daher die Lehrerin fragte, wer von den Kindern schon seinen Namen schreiben konnte, meldete er sich freiwillig als erster. Er nahm ein Stück Papier und schrieb in großen Druckbuchstaben – STANLEY.

Sie sagte:»Du hast das falsch geschrieben. Das schreibt man STANDLEY.« Er antwortete schüchtern:»Nein, mein Name schreibt sich nicht mit 'D'.«

»Schreib es noch einmal«, sagte sie hart, »aber diesmal richtig.«

Stanley schrieb es wieder ohne das »D«. Sie ergriff das Papier, hielt es vor der ganzen Klasse in die Höhe und drehte es so, daß alle es sehen konnten. »Seht her, Kinder, das hier ist ein Junge, der so dumm ist, daß er noch nicht einmal weiß, wie man seinen eigenen Namen schreibt. So, Stanley, schreibe jetzt deinen Namen noch einmal und diesmal mit dem 'D', hörst du?«

Also tat er, was ihm befohlen worden war. Er war innerlich zerbrochen und zutiefst verunsichert, als einige der Kinder über seinen hochroten Kopf kicherten.

Stanley kommentierte diesen Vorfall auf der Freizeit so: »Diese Szene scheint sich für immer unauslöschlich in mein Denken eingegraben zu haben. Ich winde mich noch immer jedesmal vor Schmerzen, wenn ich daran denke, wie die ganze Klasse über meine Dummheit gelacht hat. Und was das Schlimmste ist — aus irgendeinem merkwürdigen Grund habe ich die Einschätzung der Lehrerin akzeptiert. Das Verrückte ist, daß ich immer noch das Gefühl habe, dumm zu sein. Ich weiß, es scheint unsinnig — meine Frau, meine beruflichen Erfolge, meine Familie — alles spricht dafür, daß ich nicht dumm bin, aber es gibt eine innere Stimme, die mir sagt, daß ich es doch bin.« Er fügte hinzu: »Vor einiger Zeit sprach ich mit einem meiner Gemeindemitglieder, das seinen Doktortitel erworben hatte. Der Mann sagte mir, daß ich ihm durch unser Gespräch sehr geholfen hatte und machte mir ein großes, aufrichtiges Kompliment. Und wissen Sie was? Etwas tief in meinem Innern sagte sofort: 'Nun, er mag ja seinen Doktor gemacht haben, aber er muß ganz schön blöd sein, daß er nicht erkennt, wie dumm und unfähig ich in Wirklichkeit bin!'« Es ist erstaunlich, wie wenig sensibel Eltern, Lehrer und andere Autoritätspersonen für die Tatsache sind, daß solche öffentlichen Herabsetzungen auf Kinder verheerende Auswirkungen haben können. In bester Absicht gebrauchen diese Erwachsenen die Herabsetzung als eine Form der Disziplinierung oder Erziehung. Da diese Methode sofortige Verhaltensänderungen herbeiführt, glauben sie, daß sie zwangsläufig auch richtig sein muß. Sie erkennen nicht, wie sehr das zerbrechliche Selbstwertgefühl der zartbesaiteten, jungen

Menschen verletzt wird, wenn solch qualvolle Erinnerungen wie mit einem Brandzeichen in ihr Denken eingebrannt werden.

Die Bibel hat uns zu diesem Punkt so viel zu sagen. Gottes Geist kam stets in der Abgeschiedenheit zu den Menschen und sprach mit ihnen über ihr schändliches Versagen, wenn sie mit ihm allein waren. Wie sehr war Jesus darauf bedacht, so zu handeln – er konfrontierte die Menschen nur mit ihren Sünden und Fehlern, wenn sie mit ihm allein waren. Ja, er unternahm jede Anstrengung, sie vor anderen zu verteidigen und aufzubauen und wartete auf den geeigneten, ungestörten Moment, wenn er mit ihnen allein war, um über ihre negativen Seiten zu sprechen. Bei seinem Ratschlag aus Matthäus 18,15-17 legte Jesus die Prinzipien für solche Situationen fest. Zunächst sollen wir mit den Menschen allein sprechen und versuchen, die Situation in Ordnung zu bringen. Nur wenn wir damit keinen Erfolg haben, sollen wir nach und nach andere (Zeugen) hinzuziehen, bis es schließlich zu einer öffentlichen Ermahnung kommt. In seiner erneuten Version des fünften Gebotes (Eltern-/Kindbeziehung) in Epheser 6,1-4 ermahnte Paulus die Väter, nichts zu tun, das ihre Kinder bewußt zum Zorn reizen könnte.

Jedoch finden nicht alle erniedrigenden Erlebnisse, die später in unseren Erinnerungen immer wiederkehren, notwendigerweise in der Öffentlichkeit statt. Oft graben sich auch in privaten Situationen grausame und gedankenlose Bemerkungen tief in unsere Erinnerungen ein.

Eine sehr schöne Frau, die schon seit vielen Jahren unter Minderwertigkeitsgefühlen litt, berichtete voller Schmerz von dem geistigen Bild, das beinahe jedes Mal in ihr aufstieg, wenn sie ihr Make-up anlegte. Sie war in einem sehr strengen Elternhaus erzogen worden, und ihr Vater hielt jede Form des Make-up für sündig. Als junger Teenager hatte sie eines Morgens etwas Gesichtspuder aufgelegt, um die Hautunreinheiten zu verdecken, die in dem Alter oft auftreten. Mit diesen Worten rief sie sich diese verletzende Demütigung ins Gedächtnis: »Mein Vater lachte über mich und meinte sarkastisch, ich sähe aus wie eine weißgesichtige Kuh.« Dann fügte sie noch sehr erregt hinzu: »*Und nicht ein einziges Mal in meiner ganzen Jugendzeit hat er mir je gesagt, daß ich hübsch aussehe.*« Rückblickend konnten wir die Motive für das Handeln des Vaters verstehen. Er hatte Angst, daß sie durch ihre Attraktivität »Schwierigkeiten mit jungen Männern« bekommen würde. Um ihre Tugend zu schützen, setzte er ihre äußere Erscheinung herab – ein Fehler, den leider viele Eltern begehen, wenn sie gutaussehende Söhne oder Töchter haben. Ihre guten Absichten verringern den seelischen Schaden nicht, den sie dadurch anrichten. Nur zu oft wird der Versuch, ihre Kinder mit Gefühlen der Schuld, der Scham und der Erniedrigung unter Kontrolle zu halten, zu einem Saatbeet schmerzvoller Erinnerungen, die eines Tages der Heilung bedürfen.

Manchmal sind Erinnerungen an erniedrigende Erlebnisse nicht mit einzelnen Vorfällen verbunden, sondern Teil der allgemeinen Atmosphäre der Wachstumsjahre. Wir finden dies besonders in Verbindung mit einem alkoholkranken Elternteil. Die Familie wird ein Teil des Systems, das das Alkoholproblem des Vaters oder der Mutter verstecken soll. So lernt das Kind oder der Teenager z. B., Ausreden dafür zu erfinden, daß er seine Freunde nicht nach Hause einladen kann. Ein Lebensstil voller Halbwahrheiten und scheinbar plausibler Gründe erfüllt den jungen Menschen mit Scham und einem Gefühl des ständigen Betrugs. Das Gefühl, anders zu sein als die anderen und stets um allen Spaß betrogen zu werden, vergiftet die Erinnerungen dieser jungen Menschen mit dem Schmerz der Erniedrigung.

Schreckensvisionen

Dieses kräftige Wort schließt die ganze Palette von Furcht- und Schreckensgefühlen ein, die in den unteren Schichten des Denkens eingebettet sein können. Eines Tages steigen sie an die Oberfläche des Bewußtseins, um uns mit Ängsten zu quälen. Man würde ein Wörterbuch benötigen, um all die verschiedenen Ängste zu bezeichnen, die in unserer Erinnerung Wurzeln schlagen können. Es heißt, daß in der Bibel 365 mal die Aufforderung erscheint, sich nicht zu fürchten – einmal für jeden Tag des Jahres; Gott weiß nämlich, was es bedeutet, in dieser furchterfüllten Welt zu leben. Er versteht, daß diese tiefsitzenden Ängste eines unserer größten Glaubenshindernisse sind.

Zu den häufig auftretenden lähmenden Ängsten, die Betroffene mir bei der Heilung ihrer Erinnerung offenbarten, zählen die folgenden: Angst vor der Dunkelheit; Angst vor dem Verlassensein; Angst vor Versagen; Angst, nichts Wertvolles zu leisten; Angst, den Verstand oder die Kontrolle über die eigenen Gefühle zu verlieren; Angst vor Sexualität, vor sexuellen Gedanken und Wünschen; Angst vor Menschen und davor, anderen zu vertrauen; Angst vor Krebs und anderen schweren Krankheiten; Angst vor Gott und dem Jüngsten Gericht; Angst, »die Sünde wider den Heiligen Geist« zu begehen; Angst vor der Zukunft; Angst vor dem Tod nahestehender Menschen oder dem eigenen Tod.

Bei Christen werden viele dieser Ängste noch zusätzlich dadurch verstärkt, daß sie von einem Gefühl der Schuld begleitet werden, daß diese Furcht überhaupt existiert. Gute Christen dürfen nicht ängstlich, besorgt oder furchtsam sein – Jesus ist ja schließlich immer bei ihnen, und daher gibt es nichts, wovor sie Angst haben sollten. Außerdem sagt die Bibel:»...die völlige Liebe treibt die Furcht aus...« (1. Joh. 4,18). Daher werden sie nur umso furchtsamer und sind gefangen in dem Teufelskreis der Furcht und deren Verleugnung!

Viele dieser Ängste haben ihren Ursprung in erschreckenden Erlebnissen, schädlichen Lehren und kranken Beziehungen in der Vergangenheit, besonders in der frühen Kindheit. Sie sind so oft aus dem Bewußtsein verdrängt worden, daß sich die Person vielleicht nur noch ganz verschwommen an sie erinnern kann. Oft sind es keine gezielten Erinnerungen, sondern ein allgemeines Gefühl der Angst, das den Menschen plagt und nach und nach verschiedene Lebensbereiche erfaßt.

So war es auch bei den Geschwistern Hans und Bärbel, die in einer emotional sehr gestörten Familie aufwuchsen. Der Vater war ein religiöser Tyrann, die Mutter ein religiöser Fußabtreter. Er herrschte »mit der Bibel«, d. .h. durch seine eigenen starren und meist falschen Auslegungen der Bibel. Hinzu kam noch sein unberechenbares Temperament, das manchmal zur Gewalttätigkeit neigte. Die Mutter paßte sich an und versuchte, Frieden zu wahren und die Familie zusammenzuhalten, indem sie sich in »sanftmütiger Unterordnung« übte. Dadurch herrschte eine Atmosphäre, in der jeder ständig vor dem Vater auf emotionalen Eierschalen herumzulaufen schien. Das fehlerhafte Vorbild des Vaters und seine dogmatischen Halbwahrheiten vermittelten den Kindern ein falsches Bild von Gott, so daß sie auch ihrem himmlischen Vater gegenüber diese überängstliche Haltung an den Tag legten. Dieser Art von religiösem Elternhaus begegnen christliche Seelsorger recht häufig. Wir sind oft erstaunt, welch großer emotionaler und geistlicher Schaden Menschen im Namen von entstellter Bibellehre zugefügt wird. Das trifft besonders auf die Schriftstellen Epheser 5,21 - 6,4 zu, die von den Ehe- und Familienbeziehungen handeln.

Die Erinnerungen, die Hans Ängste verursachten, waren so tief in ihm verborgen, daß sie nur in Gestalt einer großen Anzahl von biblischen und theologischen Fragen zutage traten. Alle 2-3 Wochen konnte ich mit einem regelmäßigen Telefonanruf von Hans rechnen. Das Gespräch verlief immer ungefähr so: »Ich las kürzlich in der Bibel und stieß auf eine Stelle, wo es heißt, daß... und das hat mich sehr beunruhigt. Ich habe Angst, daß ich...« oder »ich verstehe nicht, wie...« Das war dann die Einleitung zu einem Gespräch über ein Gebiet in Hans geistlichem Leben, das von großer Angst beherrscht wurde. Erst als er sich erinnern und dem schmerzvollen und schrecklichen Klima seiner Entwicklungsjahre stellen konnte, war er in der Lage, von seinen Erinnerungen geheilt zu werden. Daraufhin konnte er gefühlsmäßig und geistlich erneuert werden.

Bärbels Ängste traten auf ganz andere Weise zutage. Sie entwickelte alle erdenklichen Krankheiten, einige davon waren echt, andere nur eingebildet. Ihre Mutter hatte einen schrecklichen Preis dafür bezahlt, daß sie nicht in der Lage gewesen war, der wahren Situation ins Gesicht zu sehen und ihre wahren Gefühle zum Ausdruck zu bringen. Als sie es nicht länger ertragen konnte, wurde sie bettlägerig. Dadurch erhielt sie die Aufmerksamkeit, die sie so sehr brauchte, ja, sogar Zärtlichkeit von ihrem Mann. Er wiederum gebrauchte diese Situation als ein weiteres Mittel, um die Kinder unter Druck zu setzen — »Seid jetzt still, stört eure Mutter nicht und macht sie nicht noch mehr krank, als ihr es schon getan habt.«

Bärbel hatte von ihrer Mutter gelernt. Auch ihr Leben war von einer Atmosphäre der Unberechenbarkeit geprägt, die zwar anders, aber ebenso furchtsam war. Jederzeit konnten sie lähmende Schmerzen, ein 48-Stunden-Virus oder irgendeine Art von Herzbeschwerden überfallen. So erging es Bärbel wie der Frau, die in Markus 5,26 erwähnt wird: sie »...hatte viel erlitten von vielen Ärzten und all ihr Hab und Gut aufgewendet, ohne daß es ihr geholfen hätte.« Es schien, als ob Bärbel einen Mantel der Furcht trug und nach einer Krankheit suchte, an der sie ihn aufhängen konnte. Die Heilung einiger Erinnerungen aus der Vergangenheit und das Erlernen neuer Formen der Lebensbewältigung haben Bärbel befähigt, ein recht ausgeglichenes Leben zu führen.

Haßgefühle

Bei diesem Gebiet kommen wir auf den Kern unseres Themas zu sprechen — Groll, Bitterkeit und Haß. In einem späteren Kapitel werden wir aufzeigen, wie wir durch Gebet — indem wir anderen vergeben und selbst Vergebung empfangen — unsere Haßgefühle überwinden können. Gefühle des Hasses sind eines der Grundthemen dieser immer wiederkehrenden geistigen Bilder, die ein Zeichen dafür sind, daß wir Heilung für einige schmerzliche Erinnerungen brauchen, denn alles, was wir in diesem Kapitel beschrieben haben, führt gewöhnlich zu sehr starkem Groll. Manchmal sind wir uns dieser Gefühle bewußt und kämpfen im Gebet gegen sie an, aber scheinbar ohne Erfolg. Manchmal bemerken wir einfach ein allgemeines Gefühl der Wut in uns, aber sind nicht in der Lage, die genauen Ursachen dafür auszumachen. Sie scheinen irgendwo unter der Oberfläche unserer bewußten Erinnerungen zu liegen. Dieser eingefrorene und begrabene Groll führt bei Christen oft zu Depressionen. In anderen Fällen kommt die Belastung durch unterdrückten Haß durch die Körpersprache der Krankheit zum Ausdruck. Es gibt viele Krankheiten, die in ungeheiltem Groll wurzeln.

Eine bekannte Geschichte berichtet von dem Jungen, der hörte, wie sein Vater jemandem erzählte, daß seine Mutter an Kolitis (Dickdarmentzündung) erkrankt sei. Er seufzte und fragte seinen Vater: »Mit wem ist sie denn jetzt schon wieder kollidiert?« Erinnern wir uns an Jesu triumphalen Ritt in die Stadt Jerusalem. Damals verlangten die religiösen Autoritäten von ihm, er sollte die Leute daran hindern, »Hosianna« zu rufen und ihren Gefühlen freien Lauf zu lassen. Jesus erwiderte, wenn er es den Menschen nicht erlaubte, ihre Gefühle zum Ausdruck zu bringen, würden »die Steine selbst schreien« (Luk. 19,40).

Diese Geschichte enthält ein sehr lebendiges Gleichnis. Wenn Christen ihre wahren Gefühle nicht zum Ausdruck bringen, schreit ihr Körper sie durch die Stimme des Schmerzes und der Krankheit hinaus. Das gilt besonders für den Groll, der so tief vergraben ist, daß man es nicht einmal zuläßt, sich bewußt an ihn zu erinnern. Diese feindseligen Gefühle durchbrechen gelegentlich die Barriere zum Bewußtsein. Dann erscheinen die Zeitlupen-Videoaufnahmen, Szenen und Bilder steigen auf, und die Wut bricht sich Bahn. Christen sind besonders verwirrt, wenn sie diese Wut dann an einer ihnen nahestehenden Person »auslassen« — am Ehepartner oder an einem Kind, das sie sehr liebhaben. Das wiederum erfüllt sie mit tiefer Reue, mit Schuldgefühlen und dem Gefühl geistlicher Niederlage. Sie sind außerdem völlig verblüfft über ihr eigenes Verhalten, weil sie nicht ergründen können, worin eigentlich dessen Ursache liegt. Wahrscheinlich sind sie ohne es zu wissen auf einen alten und unterirdisch dahinfließenden Strom des Grolles gestoßen, der plötzlich wie eine Ölfontäne nach oben schoß. Wenn dieses immer wieder geschieht und auch durch Disziplin, Gebet und tiefere geistliche Erfahrungen anscheinend keine Abhilfe geschaffen werden kann, sollten wir die Ursachen in den Belastungen und dem Schmerz ungeheilter Erinnerungen suchen.

Am verwirrendsten und schockierendsten ist für überzeugte Christen die Erkenntnis, daß sie von Gefühlen der Wut gegen Gott beherrscht werden. Es ist sehr schwer, das zuzugeben. Ich habe viele Sitzungen damit verbracht, die Betroffenen behutsam so weit zu bringen, daß sie schließlich ihren Groll gegen Gott erkannten. Der Schock war manchmal so groß, daß sie für einen Moment in meinem Büro ohnmächtig wurden oder daß ihnen so übel wurde, daß sie sich übergeben mußten. Sie lieben Gott und wollen ihm dienen und ein ihm wohlgefälliges Leben führen. Daher sind sie am Boden zerstört, wenn sie ihre unterdrückte Wut gegen ihn entdecken. Nachdem das erste Trauma überwunden ist, können sie ihre Gefühle der Bitterkeit gegen ihn vor sein Angesicht bringen und dürfen erleben, daß diese vom Strom seiner Liebe fortgespült werden. Rückblickend erkennen wir dann, daß gerade durch die bewußte Erinnerung und die Freilegung dieser Gefühle der notwendige Durchbruch erzielt wurde, mit dem die Heilung ihren Anfang nahm.

So war es auch bei einem Mann, der mir von einem der schlimmsten Fälle von Kindesmißhandlung berichtete, von dem ich jemals gehört habe. Es war schwer, sich vorzustellen, auf welch erfinderische Weise seine Mutter ihn ständig quälte. Es waren raffinierte Formen der körperlichen Quälerei und der Demütigung. Als guter Christ hatte er sich mit seinen wahren Gefühlen hierzu nie auseinandergesetzt. Stattdessen versicherte er mir immer wieder, wie sehr er seine Mutter liebte. Nach und nach kamen die schmerzlichen Einzelheiten zutage, und er wurde sich seines brennenden Zorns auf sie bewußt. Aber darunter lag noch eine tiefere Wut verborgen. Eines Tages, mitten in einem unserer Gebete für Heilung von diesen schrecklichen Erinnerungen, rief er voller Qual: »O Gott, wo um alles in der Welt warst du, als all das passierte?« Ein Strom heftigster Gefühle erfaßte ihn. Vor Furcht zitterte er wie Espenlaub. Aber bald darauf erlebte er, wie der Strom der Liebe Gottes ihn wie Meereswellen überflutete. Bis es zu einer völligen Erneuerung bei ihm kam, brauchte er noch Jahre der »Umprogrammierung« und der Therapie, aber es steht zweifellos fest, daß in diesem Moment die große Heilung seines Lebens ihren Anfang nahm.

In dem bemerkenswerten Buch »May I hate God?« dt.: Darf ich Gott hassen? von Pierre Wolf (Paulist Press) zeigt der Autor auf, wie unsere Angst und unser Groll, von denen wir annehmen, daß sie uns nur von Gott trennen werden, auch das Tor zu einer engeren Beziehung zu ihm werden können. Ich empfehle dieses kleine Buch all denen, die Angst davor haben, sich diesem schmerzvollen Bereich ihres geistlichen Lebens zu stellen. Es war mir oft eine Hilfe, wenn ich Menschen auf die Gebetszeit für die Heilung der Erinnerungen vorbereitete.

Wir haben dieses gesamte Kapitel dem hauptsächlichen Symptom, das auf die Notwendigkeit einer Heilung der Erinnerungen schließen läßt, gewidmet — geistige Bilder und Erinnerungen, die so intensiv sind, daß sie das gegenwärtige Verhalten des Betroffenen beeinträchtigen. Die nächsten beiden Kapitel werden wir der Betrachtung eines zweiten Symptoms widmen — den entstellten und zerstörerischen Gottesvorstellungen.

7. Kapitel

Verzerrte Gottesvorstellungen

Jeder von uns trägt ein geistiges Bild von Gott in sich. Wir nennen dies oft unsere Gottesvorstellung und sprechen darüber, als beträfe dies allein unser Denken. Wir vergessen, daß außer den Dingen, die uns über Gott gelehrt wurden, auch Erfahrungen, Erinnerungen und Gefühle auf das Entstehen dieses Bildes großen Einfluß nehmen. *Der entscheidendste Faktor ist unser gefühlsmäßiger Eindruck von Gott und seinem Wesen.* Erstaunlich viele aufrichtige Christen sind in einem inneren Konflikt gefangen, weil ihr Denken in bezug auf Gott ihren Gefühlen ihm gegenüber (und ihrer Auffassung von seinen Gefühlen ihnen gegenüber) völlig widerspricht. Ihre *Verstandestheologie* ist hervorragend, aber ihre gefühlsmäßige *Knie-ologie* — was sie empfinden, wenn sie beten — ist erschreckend. Das ist die Ursache für viele emotionale Komplexe bei Christen und eines der stärksten Anzeichen dafür, daß Heilung der Erinnerungen nötig ist. Jahrelange Erfahrung hat mich gelehrt, daß bei Christen die Kenntnis richtiger Glaubenslehren noch keine Garantie dafür ist, *daß sie auch die richtige Vorstellung und das gefühlsmäßige Bewußtsein von Gottes wahrhaftiger Güte und Gnade besitzen. Dieser Widerspruch ist die Ursache dafür, daß es im Leben mancher Christen keinen dauerhaften geistlichen Sieg gibt.*

Die Gute und die Schlechte Nachricht

Wie kommt es, daß das Evangelium, das wir als Gute Nachricht verkünden, so oft zu einer schlechten Nachricht wird, die sich negativ auf unsere Gefühle auswirkt? Zum besseren Verständnis wollen wir ein Prinzip aus der Auslandsmission zu Hilfe nehmen — Evangelisation in anderen Kulturkreisen. Schon sehr bald wird sich ein Missionar der Tatsache bewußt, daß das, was die

Menschen seinen Aussagen entnehmen, sich sehr stark von dem unterscheiden kann, was er in Wahrheit gesagt hat. Er verkündet (verschlüsselt) etwas, aber der Zuhörer hört (entschlüsselt) etwas ganz anderes. Als ich in Indien arbeitete, lernte ich sehr bald in bezug auf die Predigt über den Text:»Ihr müßt von neuem geboren werden« (Joh. 3,7), sehr vorsichtig zu sein. Ein Hindu entschlüsselt diese Worte nach dem Verständnis seines Glaubenssystems der Reinkarnation und der ständigen Wiedergeburtszyklen. Daher versteht er diese Worte so:»Ihr müßt ständig von neuem geboren werden«, d. h. viele Reinkarnationen durchlaufen, bis die Errettung (die Befreiung) von diesem Zyklus erlangt ist.

Gebrauchen wir ein anderes Beispiel aus einem uns allen vertrauten Bereich. Ich meine das Wort »Zuhause«. Für viele bedeutet dieses Wort »Himmel«, und ihre geistigen Bilder und Gefühle entsprechen dieser Vorstellung. Für andere bedeutet es »Hölle«, und sie denken und empfinden auch so. Unsere Vorstellungen sind aus vielen Teilen zusammengesetzte geistige Bilder, die sich aus verschiedenen Quellen speisen. Die grundlegenden Einflüsse bei der Entstehung unserer Gottesvorstellung sind Lebenserfahrungen, zwischenmenschliche Beziehungen sowie Dinge, die man uns gelehrt hat. Ganz gewiß ist das, was wir gelernt haben, von größter Bedeutung, aber unsere Eindrücke und Erfahrungen sind ebenso wichtig. *Unsere Gefühle in bezug auf Gott können einen drastischen Einfluß auf unsere Gottesvorstellung haben.* Diese Gefühle sind nämlich Teil der Dynamik, die bestimmt, auf welche Art wir die erhaltenen Lehren aufnehmen. *Diese entscheidende Tatsache wird von sehr vielen Pastoren und christlichen Mitarbeitern übersehen.* Sie gehen davon aus, daß ihre Lehre und Predigt, wenn sie im biblischen Sinne korrekt sind, einem Menschen automatisch zu einer klaren Gottesvorstellung verhelfen, die es ihm ermöglicht, an Gott zu glauben und ihm zu vertrauen. Sie stellen sich vor, daß der Heilige Geist irgendwie ein Loch in den Kopf des Zuhörers bohrt und die ungetrübte Wahrheit hineinfließen läßt.

Auf viele Menschen trifft das jedoch keinesfalls zu. Der Heilige Geist offenbart zwar die Wahrheit, doch was der Zuhörer hört, sich vorstellt und empfindet, wird immer noch durch sein Denken gefiltert. Der Heilige Geist selbst umgeht nicht die persönliche, geistige Wahrnehmungsfähigkeit. *Sind diese wahrnehmenden Rezeptoren schwerwiegend geschädigt, werden auch die biblischen Wahrheiten entstellt wahrgenommen.*

Bei dieser Betrachtungsweise enthält auch die spottende Bemerkung — »der Mensch erschuf Gott nach seinem eigenen Bilde« — ein Körnchen Wahrheit. Selbst der gesündeste und normalste Christ steht vor der lebenslangen Aufgabe, zu einer klaren und echten Vorstellung von Gott zu gelangen und damit ein wichtiges Ziel christlicher Reife zu erreichen. Das ist einer der Hauptgründe, weshalb die Fleischwerdung so notwendig war. Das Wort mußte *Fleisch* werden. Gott hatte alles getan, um sich durch *Worte* zu offenbaren. Selbst im besten Fall — wie bei den großen Propheten des Alten Testaments — sind Worte noch immer den Verzerrungen der sündigen und innerlich geschädigten Zuhörer unterworfen. Erst als das Wort zu menschlichem Leben wurde, war es uns möglich, ein wahres Bild von Gott »voller Gnade und Wahrheit« (Joh. 1,14) zu sehen. Aber das Problem der verzerrten Vorstellungen von Gott besteht zum Teil immer noch, denn auch unser Verständnis der Worte, die wir in der Bibel über Jesus und den Charakter Gottes lesen, wird sehr stark durch unsere Erinnerungen und unsere zwischenmenschlichen Erfahrungen geprägt.

Wie die Gute Nachricht zur Schlechten Nachricht wird

Es ist überaus wichtig für uns zu erkennen, welcher Zusammenhang zwischen dem besteht, was wir über Gott hören und was wir in bezug auf ihn empfinden. Daher habe ich diesen Prozeß in graphischer Form dargestellt. Ganz oben sehen Sie die Gute Nachricht, wie sie uns in Jesus Christus offenbart wurde. Wer ihn gesehen hat, hat den Vater gesehen (Joh. 14). Die Liste der Eigenschaften Gottes ist zwar nicht vollständig, aber sie reicht aus, um ein wahres Bild der Güte Gottes zu vermitteln. Sie werden bemerkt haben, daß die Linien, die von dort ausgehen, gerade sind. Dadurch soll die Richtigkeit dieser Aussagen zum Ausdruck

WIE DIE GUTE NACHRICHT ZUR SCHLECHTEN NACHRICHT WIRD

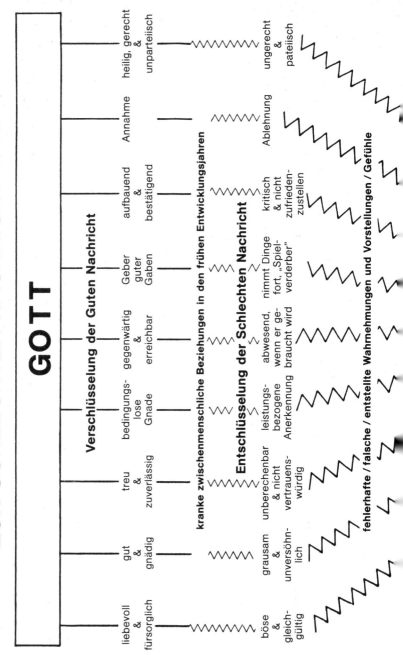

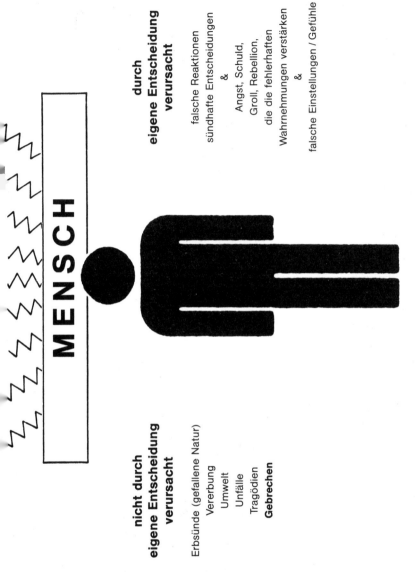

MENSCH

**nicht durch
eigene Entscheidung
verursacht**

Erbsünde (gefallene Natur)

Vererbung

Umwelt

Unfälle

Tragödien

Gebrechen

**durch
eigene Entscheidung
verursacht**

falsche Reaktionen
sündhafte Entscheidungen

&

Angst, Schuld,
Groll, Rebellion,
die die fehlerhaften
Wahrnehmungen verstärken

&

falsche Einstellungen / Gefühle

WARUM DER HEILIGE GEIST MANCHMAL EINEN VORÜBERGEHENDEN
ASSISTENTEN BENÖTIGT (Z. B. SEELSORGER)

gebracht werden — die Wahrheit und Gnade, die uns in Christus offenbart wurden. Weiter unten werden Sie bemerken, daß die Linien verzerrt und verbogen sind. Das verdeutlicht, wie die Gute Nachricht über Gott und seinen Charakter beeinträchtigt wird, wenn sie kranke zwischenmenschliche Beziehungen durchläuft. In jedem Punkt ist die Gute Nachricht entstellt und damit zur Schlechten Nachricht geworden — der Mensch gelangt zu einer Gottesvorstellung, die der Wirklichkeit in allen Punkten entgegengesetzt ist. Vergleichen Sie die wahre Aussage in der Darstellung mit ihrem Zerrbild: der liebende Gott, der für uns sorgt, ist zu einem abscheulichen oder zumindest gleichgültigen Gott geworden.

Oft frage ich Menschen, die zu mir in die Seelsorge kommen, nachdem sie mir ihr theologisches Bild eines liebenden Gottes geschildert haben, welchen Eindruck sie von Gottes Gefühlen ihnen gegenüber haben. Nur zu oft sagen sie:»Ich glaube nicht, daß er wirklich etwas für mich empfindet. Ich bin mir nicht sicher, ob er weiß, daß ich existiere, ob ich ihm etwas bedeute.« Entgegen ihrer theologischen Einstellung *empfinden* sie, daß Gott grausam und unversöhnlich ist, einen Groll gegen sie hegt und sie ständig an die Sünden ihrer Vergangenheit erinnert. Ihrem Empfinden nach ist er ein sehr gesetzlicher Gott, der ständig über ihre Taten Buch führt, wie es in dem amerikanischen Lied vom Weihnachtsmann heißt:»Er macht eine Liste und geht sie zweimal durch!«

Manchmal bitte ich Menschen, denen es schwerfällt, ihre Gottesvorstellungen zu beschreiben, ein Bild von ihm zu zeichnen. Wie Sie sich denken können, habe ich bereits eine interessante Sammlung von Zeichnungen. Einige malen ein riesiges Auge, das die gesamte Seite bedeckt — Gott verfolgt jede ihrer Handlungen und wartet nur darauf, sie bei einem Versagen oder einer falschen Tat zu erwischen. Andere zeichnen wütende, menschliche Gesichter oder Raubvögel mit scharfen Schnäbeln und Krallen. Ein junger Theologiestudent sagte, er könnte nicht besonders gut zeichnen, aber beim nächsten Mal würde er ein Bild von seiner Gottesvorstellung mitbringen. Ich war sehr gespannt darauf. Es war zufällig gerade in der Weihnachtszeit, und er brachte ein Magazin mit der Zeichnung eines Künstlers mit. Darauf sah man den großen, zornigen Geizhals Scrooge aus Dickens »Weihnachtsgeschichte«, der mit dem Federhalter in der Hand und dem aufgeschlagenen Schuldbuch vor sich hinter seinem Schreibtisch saß. Vor ihm stand der kleine, ängstliche Schuldner Bob Cratchett. Der junge Mann deutete auf Scrooge und erklärte:»Das ist Gott«, und dann auf Cratchett,»das bin ich.« Es ist kaum zu glauben, aber dieser junge Seminarist hatte in seinen Theologieseminaren immer ausgezeichnete Noten!

Betrachten wir nun den unteren Teil der graphischen Darstellung. Anstatt Gott zu vertrauen, der in seiner Güte beständig und in seiner Treue verläßlich ist, sind Christen voller Angst und Sorge, weil sie auf einer tiefen, gefühlsmäßigen Ebene den Eindruck haben, daß Gott nicht vertrauenswürdig ist. Sie singen von »erstaunlicher Gnade«, sprechen in der Bibelstunde davon und geben sogar anderen Zeugnis, und doch leben sie leistungsbetont, in ständiger Angst vor einem Gott, der sie nur akzeptiert und liebt, wenn sie »den Anforderungen gerecht werden«. Sie zitieren Bibelverse über Gottes ständige Gegenwart und Fürsorge, aber richten an mich die Frage:»Wie kommt es, daß Gott niemals dazusein scheint, wenn ich ihn brauche?« Für sie ist Gott nicht, wie die Schrift sagt, »der Geber jeder guten und vollkommenen Gabe« (Jak. 1,17) und der Vater, der danach trachtet, seinen Kindern gute Gaben zu geben (Matth. 7,11), sondern er ist für sie eine Art Spielverderber, dem es Vergnügen bereitet, ihnen immer gerade das fortzunehmen, was ihnen besondere Freude macht. »Wie kommt es, daß Gott mir immer jeden Menschen fortzunehmen scheint, den ich jemals geliebt habe?« Es scheint, als hätten sie den Eindruck, daß Gott sie beständig überwacht, daß er eifersüchtig wird, sobald sie jemanden wirklich lieben oder an einer Sache zuviel Spaß haben und er zu ihnen sagt:»Gib es auf, oder ich nehme es dir weg.« Sie sehen Gott nicht als fürsorglichen und bestätigenden Vater, der seine Kinder stets in ihrer Entwicklung ermutigt und sich — wie gute irdische Eltern — über jeden Wachstumsschritt freut. Stattdessen erscheint er ihnen kritisch und fordernd. Er ist für sie die innere Stimme, die ihnen stets sagt: »Das ist noch nicht gut genug.« Sie fühlen sich von Gott abgelehnt und nicht angenommen, da sie seinen Ansprüchen nicht gerecht werden können. Sie sind in einem Teufelskreis gefangen, weil sie versuchen, einen

Gott zufriedenzustellen, den man nach ihrem Verständnis gar nicht zufriedenstellen kann. So werden sie zu Gefangenen ihrer eigenen leistungsorientierten Einstellung.

Schließlich kommt es dann zu der schlimmsten Verzerrung ihres Gottesbildes, denn wie ich in »Heilung der Gefühle« dargestellt habe, tragen diese Christen gewöhnlich eine verborgene Wut auf Gott in sich. Sie bekommen den Eindruck, er sei ungerecht und voreingenommen in seinem Urteil. Gott ist ihrer Meinung nach zwar ungerecht zu ihnen, behandelt aber jeden anderen gerecht. Daher erzählen sie oft anderen von einem liebenden Gott und erklären jedem den Plan der Erlösung durch Gnade, sind aber nicht in der Lage, es auf sich selbst anzuwenden. Jetzt nähern wir uns dem eigentlichen Kernproblem dieses Themas. Denken wir noch einmal daran, durch welche Faktoren die Linien verzerrt wurden und Gottes Charakter entstellt wahrgenommen wurde — *es waren kranke zwischenmenschliche Beziehungen, besonders in den frühen Kindheits- und Jugendjahren.*

Mehr als jeder andere Faktor verursachen diese gestörten Beziehungen emotionale Schäden, die die geistliche Wahrnehmungskraft entstellen. Es ist Ihnen vielleicht aufgefallen, daß die verzerrten Linien auf der graphischen Darstellung in beide Richtungen gehen. Sie entspringen den negativen Erfahrungen und Beziehungen, kommen aber auch aus der Person selbst hervor. Das bedeutet, daß ursprünglich äußerliche Faktoren allmählich verinnerlicht wurden und jetzt ihre Wahrnehmungen von sich selbst, von anderen und von Gott bestimmen. Diese innere Haltung ist zu ihrem Lebensstil geworden. Wir könnten ihren Zustand mit einer Art von geistlicher Paranoia vergleichen. Paranoide Menschen bringen es fertig, auch die liebevollsten und ermutigendsten Bermerkungen als Beleidigungen, als Zurückweisung und sogar als Drohung aufzufassen.

Auf dieselbe Weise können Christen mit *beschädigten Liebesrezeptoren* die Gute Nachricht hören und sie als Schlechte Nachricht auffassen. Daher legen so viele von ihnen ein unheimliches Talent dafür an den Tag, die wundervollen Verheißungen von Gottes Gnade, Liebe und Barmherzigkeit außer acht zu lassen und sich beständig solche Bibelpassagen auszuwählen, in denen von

Zorn, Bestrafung, Gericht und der Sünde gegen den Heiligen Geist die Rede ist. Erst wenn christliche Mitarbeiter die Dynamik dieses Prozesses verstehen, *werden sie in der Lage sein, diesen geschädigten Menschen zu helfen.* Bis dahin werden sie ihnen sogar *Schaden zufügen,* indem sie ihnen weitere Gesetze und Schuldgefühle aufbürden, wenn sie ihnen die geistliche Disziplin des Bibellesens und des Gebets ans Herz legen.

Betrachten wir schließlich in unserer graphischen Darstellung die Spalten links und rechts von der Person. Die Tatsache, daß wir Opfer schmerzlicher Erfahrungen und verletzender Beziehungen waren, spricht uns nicht von jeder Verantwortung frei. Ganz gewiß gibt es viele Faktoren des Lebens, für die wir nicht verantwortlich sind, nicht zuletzt unsere gefallene Natur, die schon von sich aus dazu neigt, entstellte Gottesbilder hervorzurufen. Es gibt noch andere Faktoren, die wir nicht gewählt haben, auf die wir auch keinen Einfluß haben – unser biologisches und psychologisches Erbe, unsere geographische und kulturelle Umgebung sowie die Unfälle, Tragödien und Traumata des Lebens. Dies sind die Dinge, für die wir nicht verantwortlich sind und die in vielen Fällen das verursacht haben, was die Schrift unsere *Gebrechen* nennt. Gebrechen sind die Schwäche, die Verkrüppelungen, die angeborenen und in uns hineingelegten Schäden des Leibes, des Denkens und des Geistes. Sie sind an sich keine Sünden, sondern vielmehr die Eigenschaften in unserer Persönlichkeit, die uns für bestimmte Sünden anfällig machen und in uns eine Neigung zu diesen Sünden hervorrufen. Sie sind die Schwachstellen in unserer Verteidigungslinie, die unseren Widerstand gegen Versuchung und Sünde unterhöhlen.

Auf der anderen Seite der Figur sehen wir die Faktoren, für die wir verantwortlich sind – die auf unseren eigenen Entscheidungen beruhen. Wir haben uns entschieden, auf Gott und andere Menschen falsch zu reagieren. Wir haben an unserem Groll und unserer Bitterkeit festgehalten und haben uns bewußt entschieden, Gott nicht zu gehorchen. Das hat uns Furcht und Schuldgefühle eingebracht und unsere Wahrnehmung und Gefühle in bezug auf Gott noch weiter verbogen. Gleichgültig in welchem Ausmaß wir zu Opfern der Sünde und der bösen Entscheidungen anderer geworden sind, bleibt doch die Tatsache, daß auch wir gesündigt haben und einen Teil Verantwortung für unsere Probleme selbst tragen. Es gibt viel, was wir anderen vergeben müssen, aber auch viel, wofür wir selbst Vergebung empfangen müssen.

Ja, die Darstellung ist recht kompliziert, aber sie soll nicht verwirren, sondern zur Klärung beitragen. Sie soll uns helfen, die Bilder und Gefühle zu entdecken, die unsere Gottesvorstellung verzerren, damit wir von ihnen geheilt werden können. Denn trotz einer noch so strengen christlichen Lebensführung werden wir niemals auf Dauer »Gerechtigkeit, Friede und Freude im Heiligen Geist« (Röm. 14,17) finden, bis wir dem christusgleichen Gott begegnen, dem Gott, der uns – wie Jesus sagt – nicht länger als »Sklaven«, sondern als »Freunde« ansieht (Joh. 15,15).

Welcher ist denn jetzt der richtige Gott?

Ein überaus hilfreicher Artikel, den ich gelesen habe, beschäftigt sich mit der Klärung unserer Gottesvorstellungen. Er verfolgt die verschiedenen Arten, auf die Kinder ihre Eltern in den einzelnen Entwicklungsstadien erleben, und listet dann einige der fehlerhaften Konzepte und Gefühle in bezug auf Gott auf, die sich in diesen Stadien entwickeln können.

● *Der strenge Richter* »führt Buch über unsere Taten. Er wartet darauf, daß wir aus der Reihe tanzen, stolpern oder straucheln, damit er uns als Versager abstempeln kann.«

● *Der große Detektiv* ähnelt Sherlock Holmes und trägt den Regenmantel und die dunkle Sonnenbrille eines Detektivs. Wie ein verkleideter Privatdetektiv ist er immer ein paar Schritte hinter uns. In dem Moment, wo wir aus der Reihe tanzen, springt er aus dem Gebüsch hervor und schreit: »Hab ich dich!« Er ähnelt sehr stark dem »Schutzmann an der Ecke«.

● *Der große Indianerhäuptling* »sitzt entspannt in einer Yoga-Haltung auf rosa Wölkchen und erwartet den ganzen Tag Brandopfer und Ehrerbietung.«

● *Der große Philosoph* Aristoteles »unbewegter Beweger« des Universums, ist zurückgezogen, kalt und weit entfernt. Er ist viel zu sehr damit beschäftigt, die Galaxien zu beherrschen, als sich mit unseren unbedeutenden Problemen abzugeben. Ein Mann beschrieb ihn so, daß er schweigend in seinem Büro sitzt und sich in ein Lexikon vertieft hat. An seiner Tür hängt ein Schild mit der Aufschrift:»Bitte nicht stören!«

• Ich habe noch ein weiteres Gottesbild hinzugefügt, *den großen Pharao.* Er ist ein nicht zufriedenzustellender, harter Herr, der beständig seine Anforderungen erhöht und niemals zufrieden ist. Wie dereinst bei Pharao heißt es bei ihm zunächst:»Macht Ziegel«, dann:»Macht mehr Ziegel« und schließlich:»Macht Ziegel ohne Stroh.« Er ist das genaue Gegenteil des himmlischen Vaters, den Jesus uns gezeigt hat. Er ähnelt mehr dem schrecklichen Paten der Mafia, der immer sagt:»Entsprecht den Anforderungen, sonst...«

Vorstellungen von anderen Menschen

Warum richten diese verzerrten Gottesvorstellungen so großen Schaden an? Denken wir einmal an unsere zwischenmenschlichen Beziehungen. In diesem Bereich ist es ein grundlegendes Prinzip, daß die Vorstellungen und Gefühle, die wir in bezug auf Menschen haben, stets die Art und Weise beeinflussen, wie wir sie sehen und auf sie eingehen. Unsere geistigen Bilder von Menschen bestimmen die Erwartung, die wir in bezug auf ihr Handeln uns gegenüber haben, denn wir gehen stets davon aus, daß die Menschen unseren Vorstellungen von ihnen entsprechen. Diese Vorstellungen werden auch unser Verhalten ihnen gegenüber entscheidend beeinflussen.

Wenn ich z. B. von einem Menschen annehme, daß er ehrlich ist, während es sich in Wahrheit um einen Betrüger handelt, wird er mich betrügen, wenn ich ihm vertraue. Aber auch das Gegenteil kann der Fall sein. Wenn ich annehme, daß er ein Betrüger ist, wenn er in Wahrheit ehrlich ist, habe ich auch einen Fehler begangen, weil ich ihm nicht vertraue. In beiden Fällen habe ich mich nicht richtig verhalten und beide Male aus demselben Grund — mein falsches Bild, das ich mir von der Person gemacht habe.

Wenn dies schon auf zwischenmenschliche Beziehungen zutrifft, wieviel wichtiger ist es dann erst im Hinblick auf unsere Beziehung zu Gott! Unsere Unfähigkeit, Gott zu lieben und ihm zu vertrauen, entspringt größtenteils dem Bild von einem nicht liebenswerten und nicht vertrauenswürdigen Gott. Der größte Teil unserer Wut gegen ihn richtet sich nicht gegen den wahren Gott, sondern gegen unsere unchristlichen oder falschen christlichen Gottesvorstellungen. Das einzige, was uns angesichts solcher Verzerrungen Mut machen kann, ist die Tatsache, daß Gott uns kennt und versteht. Er ist nicht wütend auf uns, weil wir ihm nicht genügend vertrauen oder zornig auf ihn sind. Vielmehr ist er tief betrübt, daß unser falsches Bild von ihm uns davon abhält, ihn so kennenzulernen, wie er in Wahrheit ist. Er leidet noch weitaus mehr unter dieser Situation als wir. Daher sehnt er sich danach, uns Heilung von den Verletzungen zu schenken, die in uns solche verzerrten Vorstellungen und Gefühle in bezug auf ihn hervorgerufen haben.

8. Kapitel

Schwierigkeiten, die sich aus den verzerrten Gottesvorstellungen ergeben

Falsche Vorstellungen oder Gefühle in bezug auf Gott sind die Ursache für verschiedene Arten von geistlichen Problemen. Einige von ihnen können Anzeichen dafür sein, daß eine Heilung der Erinnerungen benötigt wird. Obwohl viele von ihnen verwandt sind, wird es hilfreich sein, einige der wichtigsten getrennt zu betrachten.

Die Unfähigkeit, zur Gewißheit empfangener Vergebung zu gelangen

»Das Zeugnis des Heiligen Geistes« ist einer der wunderbarsten Glaubensinhalte evangelikaler Christen. Dieser theologische Begriff bezieht sich auf die innere Gewißheit und die Zuversicht, daß wir die erlösten Kinder Gottes sind. Dabei ist das Wort *erlösten* von entscheidender Bedeutung, denn die Bibel spricht auf zweierlei Weise von Kindern Gottes. *Alle Menschen werden Gottes Kinder genannt, weil sie von ihm geschaffen wurden.* Da Gott der Schöpfer der ganzen Menschheit ist, macht er keine Unterschiede in bezug auf Rasse, Kultur, Geschlecht oder Bildung. Aber in einem tieferen Sinn sagt die Bibel ganz klar, daß *nicht jeder ein Kind Gottes ist.* Jesus selbst bezeichnete einige Menschen als Kinder des Teufels (Joh. 8,44). Ein geistliches Kind Gottes zu sein heißt, eine ganz neue Beziehung zu ihm zu haben und setzt *Erlösung* voraus – Vergebung und neues Leben. Erlösung wird durch Gnade erlangt, durch den Glauben daran, was Christus durch sein Leben, durch seinen Tod und seine Auferstehung für uns getan hat. Die Gewißheit, daß wir Erlösung empfangen haben, wird uns durch den Heiligen Geist verliehen, der zu uns kommt und in uns Wohnung macht. Die eindeutigste Schriftstelle in diesem Zusammenhang finden wir bei Paulus: »Denn ihr habt nicht einen Geist der Knechtschaft empfangen, daß ihr euch abermal fürchten müßtet, sondern ihr habt einen Geist der Kindschaft empfangen, in welchem wir rufen: Abba, Vater! Dieser Geist gibt Zeugnis unserem Geist, daß wir Gottes Kinder sind« (Röm. 8,15-16).

Ebenso wie viele andere Christen habe ich diese Schriftstelle viele Jahre lang mißverstanden. Fälschlicherweise glaubte ich, dieses Zeugnis sei allein das Werk des Heiligen Geistes, der uns mit seiner Gewißheit ganz erfaßt. Ich nahm an, sein Zeugnis sei so stark, daß wir gar nicht anders könnten, als zu wissen und zu empfinden, daß wir erlöst sind. Aber durch meine Seelsorgererfahrung ist mir bewußt geworden, daß diese Schriftstelle das überhaupt nicht aussagt. Es heißt, daß *sein Geist unserem Geist Zeugnis gibt.* Daraus folgt, daß diese innere Gewißheit nicht einfach nur ein Zeugnis an uns ist, sondern ein Zeugnis gemeinsam mit unserem Geist. Der Geist Gottes gibt Zeugnis unserem Geist – der göttliche und der menschliche Geist wirken zusammen. Das steht in völliger Übereinstimmung mit dem biblischen Prinzip, daß mindestens immer *zwei* Parteien vorhanden sein müssen, um ein wahres *Zeugnis* zu geben (5. Mose 17,6; Matth. 18,16). Wenn also der Heilige Geist und unser Geist miteinander in Einklang stehen, entsteht die innere Zuversicht, daß wir Vergebung empfangen haben und als Kinder Gottes angenommen sind.

Aber was ist, wenn unser Geist so schwer beschädigt ist, daß er dieses Zeugnis einfach nicht erhalten kann? Was ist, wenn die Empfangs- und Wahrnehmungsfähigkeit unserer Persönlichkeit so entstellt worden ist, daß wir Gott nicht als Abba – also Vater – und uns selbst nicht als seinen Sohn oder seine Tochter sehen und empfinden können? Aufgrund ungelöster und ungeheilter Erfahrungen der Vergangenheit mit Eltern, Familienmitgliedern, Lehrern, Ehepartnern oder sogar Gemeindeleitern haben viele Christen derart negative Vorstellungen von Gott, daß sie nicht in der Lage sind, die Gewißheit dieser Art von Beziehung zu ihm zu erhalten. Im ersten Kapitel haben wir davon gesprochen, daß Kinder die Sprache der Beziehung lernen, lange bevor sie die Sprache der

Wörter beherrschen. Die schmerzvollen Erinnerungen kranker Beziehungen schreien in unserem Inneren oft so laut, daß sie das Erlernen einer neuen Beziehung zu Gott verhindern.

Es ist eine bekannte Tatsache, daß Kinder vom Konkreten auf das Abstrakte schließen, d. h. von tatsächlichen Erfahrungen mit Dingen und Menschen auf Gedanken und Vorstellungen. Nur allmählich lernen sie, wenn sie älter werden, in abstrakten Begriffen zu denken. Daher basieren Vorstellungen wie Liebe, Annahme, Glauben, Gerechtigkeit (Fairneß) und Zuverlässigkeit auf echten Erfahrungen mit realen Menschen, insbesondere mit wichtigen Bezugspersonen. Diese Kombination von Vorstellungen und Gefühlen, die auf Beziehungen basieren, bildet das Fundament der grundlegenden Erfahrung, die der Mensch von Gottes Gnade, Vergebung und dem Zeugnis des Geistes macht. Die Dinge, die wir unseren Kindern in bezug auf Gottes Charakter lehren, sind sicherlich wichtig. Wir sollen unsere Kinder in »der Zucht und Ermahnung des Herrn« (Eph. 6,4) erziehen. Aber wie wir bereits erwähnten, sollte diese Lehre in einer Atmosphäre und in einem Klima erteilt werden, in dem die Kinder erleben, daß *der Charakter der Eltern und anderer wichtiger Bezugspersonen mit den von ihnen dargelegten Charaktereigenschaften Gottes übereinstimmt.* Gibt es einen Widerspruch zwischen diesen beiden Faktoren, so kommt es gewöhnlich zu großen emotionalen und geistlichen Schäden, und die Betroffenen leiden unter beschädigten Liebesrezeptoren. Diesen Menschen fällt es schwer, die beständige Gewißheit zu erlangen, daß sie geliebt werden, daß ihnen vergeben ist und daß sie die erlösten Kinder Gottes sind.

Oft sind zwei Dinge nötig, um den Schaden wieder auszugleichen. *Das erste* ist eine Heilung der primären Beziehung, die das Problem verursacht hat. Mit Hilfe eines Seelsorgers oder eines vertrauten Freundes müssen sie zu den Verletzungen zurückkehren, die den Schaden verursacht haben, und sich für diese Erinnerungen Heilung schenken lassen. Dadurch wird es ihnen möglich, sich von den schmerzhaften Zwängen der Vergangenheit zu befreien. *Zweitens* müssen sie lernen, vertrauensvolle Beziehungen zu anderen zu entwickeln. Sie können dies bereits bei dem betreffenden Seelsorger oder Pastor üben, aber sie sollten diesen

Lernprozeß fortsetzen und sich einem Beziehungsnetz von anderen Christen in einer Gemeinde oder einem kleinen Gesprächskreis anschließen. Hier können sie Offenheit und bedingungslose Liebe erfahren und die Überzeugung gewinnen, daß sie angenommen sind, selbst wenn ihr Verhalten nicht annehmbar ist.

Wie oft haben Helen und ich erlebt, wie diese große Veränderung bei einer Eheberatungsfreizeit ihren Anfang nahm. In einer kleinen Gruppe von christlichen Brüdern und Schwestern wurde der Betroffene mit einer bedingungslosen Liebe umgeben, die er nie zuvor erlebt hatte. Viele von ihnen bezeugten später, daß sie sich in dem Moment wirklich geliebt fühlten und die empfangene Vergebung spürten; diese Gewißheit hat sie von diesem Zeitpunkt an nie verlassen.

Die Unfähigkeit, Gott zu vertrauen und sich ihm hinzugeben

Ein weiteres, häufig auftretendes, geistliches Problem, das auf die Notwendigkeit einer Heilung der Erinnerung hindeuten kann, ist die Unfähigkeit, Gott zu vertrauen und sich ihm hinzugeben. Vieles von dem bereits Gesagten bezieht sich auch auf dieses Problem. Dieser Unfähigkeit liegt das Prinzip zugrunde, daß Gott uns so geschaffen hat, daß wir einer Sache, die uns Angst einflößt, nicht vertrauen und uns ihr nicht hingeben. Das ist ein Teil eines von Gott in uns eingebauten Schutzsystems. Angesichts einer Gefahr oder einer erschreckenden Situation tritt unser Alarmsystem in Aktion. Unser Körper produziert chemische Stoffe, die unser Verteidigungssystem erregen und unser Denken und unseren Geist mit erhöhter Geschwindigkeit arbeiten lassen.

Dieser von Gott geschenkte Überlebensmechanismus sorgt dafür, daß wir nicht freudig auf angriffslustige Bären oder zischende Kobras zulaufen, um sie zu umarmen. Wenn wir uns einer Sache gegenübersehen, vor der wir Angst haben und der wir nicht vertrauen, sind wir daher vorsichtig und zurückhaltend. Dieses Prinzip macht es vielen Menschen sehr schwer, wenn nicht gar unmöglich, sich Gott hinzugeben. Wenn wir Menschen auffordern,

Gott zu vertrauen und sich ihm hinzugeben, setzen wir voraus, daß sie in ihren Vorstellungen und Gefühlen von einem vertrauenswürdigen Gott ausgehen, dem nur ihr Bestes am Herzen liegt und in dessen Hände sie ihr Leben vertrauensvoll legen können. Aber nach ihrer tiefsten, gefühlsmäßigen Gottesvorstellung fassen sie es vielleicht so auf, als würden wir sie auffordern, sich einem unberechenbaren und fürchterlichen Ungeheuer hinzugeben, einem allmächtigen Monster, dessen Ziel darin besteht, sie unglücklich zu machen und sie ihrer Freizeit und ihrer Freude zu berauben. Sie glauben, wenn sie zuerst nach dem Reich Gottes und nach seiner Gerechtigkeit trachteten, würden ihnen »all diese Dinge hinweggenommen werden«. So lautet ihre innere Übersetzung von Matthäus 6,33.

Selbst eine emotional gesunde Person trägt noch soviel Erbsünde und Selbstsucht in sich, daß sie ständig damit zu kämpfen hat, den eigenen Willen an Gott hinzugeben. Aber wir sprechen hier von einer tiefsitzenden Angst vor innerer Hingabe, die weit über diese normalen inneren Kämpfe hinausgeht. Dieser Angst liegt stets eine verzerrte Gottesvorstellung zugrunde, die es einer solchen Person nahezu unmöglich macht, sich Gott hinzugeben. Erst wenn christliche Mitarbeiter sich dieser Tatsache bewußt sind, werden sie diese verletzten Menschen dazu bringen können, sich Gott hinzugeben. Wenn sie diese Tatsache außer acht lassen, werden sie die Schwierigkeiten dieser Menschen nur noch verschlimmern, indem sie ihnen einen Gott mit übertriebenen Forderungen vor Augen stellen. Dieser Gott fordert sie stets auf, etwas zu tun, wozu sie nicht in der Lage sind, und hilft ihnen niemals, die Barrieren zur Erfüllung seiner Forderungen zu überwinden.

Pastoren und Seelsorger, die mit solchen mißtrauischen Christen zu tun haben, die aufrichtig danach trachten, in Christus zu wachsen, aber von dieser Art von tiefsitzender Angst vor innerer Hingabe zurückgehalten werden, müssen deren tief verborgene Vorstellungen und Gefühle in bezug auf Gott in Erfahrung bringen. Ist dieser Mensch wirklich in der Lage, zu vertrauen und zu lieben?

In der Seelsorge stelle ich Menschen diese Frage. Ein Mann, der sich in der Schrift gut auskannte, verkehrte in seiner Antwort Jesu Worte aus Lukas 11,11-12 in ihr Gegenteil: »Tief in meinem

Herzen fühle ich, daß Gott ein Vater ist, der wenn ich ihn um Brot bitte, mir einen Stein, und wenn ich ihn um ein Ei bitte, einen Skorpion gibt.« Ist es ein Wunder, daß er Schwierigkeiten hatte, sich einem Gott völlig hinzugeben, für den er so empfand und daß er wütend und voller Groll war? Versucht man die Ursachen für diese entstellten Gottesvorstellungen zu ergründen, so stößt man gewöhnlich auf ein Gottesbild, das mit einem Bild von ungerechten, unberechenbaren, unzuverlässigen und daher nicht vertrauenswürdigen Eltern oder anderen wichtigen Bezugspersonen in ihrem Leben verschmolzen ist. Die Erinnerung an schmerzliche Erfahrungen mit ihnen ist so stark, daß die Betroffenen jetzt nicht in der Lage sind, irgend jemand genug Vertrauen entgegenzubringen, um sich ihm hinzugeben. Wenn Sie und der Betroffene gemeinsam daran arbeiten, Heilung von der erlebten Ablehnung und dem Groll zu erlangen, die diese Erinnerungen umgeben, wird er allmählich den Gott kennenlernen, dem alle Liebe und Verehrung gebührt und der absolut vertrauenswürdig ist.

Wir sollten innerlich kämpfende Christen nicht unter Druck setzen zu sagen: »Ich will versuchen zu vertrauen.« Es ist weitaus besser, ihnen zu helfen, die wahre Ursache ihres Dilemmas zu erkennen und Heilung dafür zu erlangen. Dann können sie sagen: »Herr, ich vertraue dir meine Unfähigkeit an, dir oder anderen zu vertrauen.« Das ist mehr als nur ein Wortspiel. Es ist eine wichtige Verschiebung in ihrem persönlichen Schwerkraftzentrum. Wenn dieses Zentrum sich von einer Ich-Zentriertheit auf eine Christus-Zentriertheit verschiebt. haben sie einen guten Anfang für eine völlige Hingabe an Christus gemacht. Allmählich riskieren sie die Offenheit und Ehrlichkeit, die Jesus akzeptierte und beantwortete, indem er den Sohn des Mannes heilte, der unter Tränen sagte: »Herr, ich glaube; hilf meinem Unglauben« (Mark. 9,24).

Intellektuelle Fragen und theologische Zweifel

Die dritte Kategorie von Problemen, die möglicherweise auf die Notwendigkeit einer Heilung schmerzlicher Erinnerungen schließen läßt, bezieht sich auf intellektuelle Fragen und Zweifel. Vielleicht fragen Sie sich, warum ich etwas, was so offensichtlich zum *geistigen* Bereich gehört, in einer Liste von *emotionalen* Symptomen aufnehme.

Wie ich bereits gesagt habe, spricht die Schrift immer von der Gesamtpersönlichkeit des Menschen. Das wird besonders deutlich, wenn man christliche Glaubensinhalte und Lehren betrachtet, denn hier herrscht eine grundlegende Einheit, eine Wechselbeziehung der Emotionen des Denkens und des Willens. In der innersten Festung des Ichs nimmt jeder der Faktoren Einfluß auf den anderen. Hierin kommt auch die hebräische Überzeugung zum Ausdruck, daß der Glaube die ganze Person umfaßt – Gefühle, Denken und Handeln. Wir täuschen und schmeicheln uns selbst, wenn wir uns der Vorstellung hingeben, daß unsere theologischen Überzeugungen rein rationaler Natur und lediglich eine Angelegenheit des Denkens sind. Unsere religiösen Überzeugungen werden durch unsere Gefühle und unseren Lebensstil stark beeinflußt.

Ist Ihnen nie aufgefallen, auf welche Weise Krankheiten – selbst so etwas Einfaches wie eine gewöhnliche Erkältung – unseren Glauben, unser Gebetsleben und unsere Geduld beeinträchtigen und auf unser Denken und unsere Gefühle in bezug auf Gott und andere Einfluß nehmen? Im Bereich des Glaubens wirkt sich dieser Gefühlsfaktor noch intensiver aus, besonders wenn wir durch Fragen und Zweifel in bezug auf den christlichen Glauben angegriffen werden. *Es ist nicht einfach so, daß der Verstand unseren Glauben attackiert, sondern tiefverwurzelte Gefühle überwältigen sowohl unseren Verstand als auch unseren Glauben.* Diese Gefühle sind so stark, daß sie unseren Glauben überdecken und verdrängen können. Wie oft haben mir Menschen gesagt: »Natürlich weiß ich es mit meinem *Verstand* besser, aber meine Gefühle sind so stark, daß ich einfach nicht anders kann als zu bezweifeln, daß Gott wirklich etwas an mir liegt.« Ja, trotz unserer verzweifelten Bemühungen, an den rationalen Gründen für unseren Glauben festzuhalten, können unsere emotionalen Wunden unserer Theologie zuwiderlaufen und uns mit Zweifeln erfüllen.

Das beste Buch, das in letzter Zeit über das Thema des Zweifels geschrieben wurde, heißt: »*In two minds*« von Os Guinness (Inter Varsity Press). Der Autor behandelt jeden Aspekt des Zweifels sowohl in theoretischer als auch in praktischer Hinsicht. In dem Kapitel »Narben einer alten Wunde« erörtert er solche Zweifel, deren Ursprung rein psychologischer Natur ist. Zur Veranschaulichung dieses Problems gebraucht er ein sehr eindrucksvolles Bild. Stellen Sie sich den gesunden Glauben als eine Person vor, die mit festem Griff alles ergreifen kann, was sie möchte. Stellen Sie sich jetzt vor, daß diese Person eine offene Wunde auf ihrer Handfläche hat. Der Gegenstand, den die Person ergreifen möchte, liegt genau vor ihr, und ihre Muskelkraft reicht aus, um die Bewegung auszuführen. Aber der unerträgliche Schmerz, den ihr das verursachen würde, macht es der Person schwer oder sogar unmöglich, den Gegenstand zu ergreifen.

Ebenso ergeht es vielen Christen mit ihren ungeheilten emotionalen Wunden. Weil sie versuchen zu glauben, wird ein so großer Druck auf emotionale Wunden ausgeübt, daß sie den Schmerz nicht ertragen können. Daher ist es in Wahrheit so, daß die Fragen und Zweifel, die aus ihrem *Verstand* zu kommen scheinen, in Wahrheit tiefbegrabenen Verletzungen in ihrer *Seele* entspringen. Irgend etwas hat ihre Vorstellungen und ihre Gefühle von Gott so schwer beschädigt, daß sie sich lieber dem Zweifel hingeben, als erneut diese schmerzvollen Wunden aufreißen zu müssen. William James, der Vater der amerikanischen Psychologie, erkannte dieses Problem genau. Er behauptete, daß religiöse und theologische Zweifel, die im emotionalen Bereich verwurzelt sind, durch den Verstand nicht gelöst werden können. Schon früh in meinem Dienst habe ich entdeckt, daß er recht hatte.

Da ich einen großen Teil meines Lebens in der Nähe von Schulen und Universitäten gelebt habe, hatte ich viel mit Menschen zu tun, die verschiedene »intellektuelle Probleme im Hinblick auf den christlichen Glauben« an mich herantrugen. Viele dieser Menschen waren aufrichtig auf der Suche nach der Wahrheit, und ich habe stets bereitwillig viele Stunden mit ihnen im Gespräch verbracht, um ihnen zu einem überzeugten und standfesten Glauben zu verhelfen. Aber ich lernte bald, daß auch Menschen zu mir kamen, bei denen Bibelstudium oder theologische Debatte allein nicht ausreichten, um ihre Fragen und Zweifel zu zerstreuen. Da die Zweifel im emotionalen Bereich verwurzelt waren, tauchte, sobald ein Aspekt ihres Problems beseitigt war, stets sofort ein neuer auf. Ich entdeckte auch eine klar abgegrenzte Liste von theologischen Problemen, die diese Menschen beschäftigten, wie z. B.: »Sind die Heiden verloren?« — »Prädestination — hat Gott nur einige Menschen für die Errettung erwählt?« — »Wie kann ich wissen, ob ich mir meine Bekehrung nicht nur einrede?« Dazu gehören auch einige unangenehme Schriftstellen, z. B. die härteren Passagen aus dem Hebräerbrief (Hebr. 6,4-8; 10,26-31 und 12,15-17) und natürlich das beliebteste aller Probleme, die Sünde wider den Heiligen Geist.

Haben Sie jemals versucht, einem Menschen auszureden, daß er diese Sünde begangen hat? Dabei haben Sie wahrscheinlich herausgefunden, daß es völlige Zeitverschwendung ist. Bei bestimmten, seelisch schwer geschädigten Christen handelt es sich überhaupt nicht um intellektuelle, sondern um emotionale Probleme, die in theologischer Verkleidung auftreten. Es sind ungeheilte Verletzungen, die so unentwirrbar mit ihren Vorstellungen und Gefühlen in bezug auf Gott verbunden sind, daß sie ein Teil *der Strategie werden, mit der diese Menschen sich vor der Empfindung ihres Schmerzes schützen.* Guinness weist darauf hin, daß *wahre intellektuelle Zweifel Antworten benötigen, während Zweifel, die im emotionalen Bereich verwurzelt sind, die Antwort auf Nöte sind.* Erst wenn diese grundlegenden inneren Nöte beseitigt und alle Wunden geheilt sind, kann der Zweifel verschwinden. Es ist für diese Menschen weniger schmerzvoll, den Zweifel zu ertragen, als sich der traumatischen Erinnerung an schmerzverursachende Ereignisse zu stellen.

Mit diesem wichtigen Gebiet sollten Pastoren und Seelsorger gut vertraut sein, da sie sonst direkte und zu einfache Mittel anwenden, die den Menschen nicht helfen, sondern sie in noch tiefere Verzweiflung hineintreiben. Denn diese Menschen *wollen wirklich glauben,* manchmal um jeden Preis. Genau diesem Wunsch entspringen einige ihrer Fragen — *sie wollen so sehr glauben, daß sie das damit verbundene Risiko des schrecklichen*

Schmerzes enttäuschten Glaubens nicht ertragen können, denn solch eine Enttäuschung haben sie irgendwann in ihrem Leben schon einmal erfahren müssen.

Kann z. B. jemand, der seit seiner Kindheit niemals echte Liebe, sondern nur Haß, Ablehnung und sogar Grausamkeit erfahren hat, wirklich glauben, daß Gott ihn liebt? Kann ein Sohn, der von seiner ständig fordernden Mutter nichts anderes erhalten hat als Kritik, Nörgelei, Bevormundung und Herabsetzung, wirklich glauben oder empfinden, daß er Gott wohlgefällig ist und daß »es deshalb keine Verdammnis gibt für die, die in Christus Jesus sind« (Röm. 8,1)? Ist es nicht vielmehr verständlich, daß er sich den härteren Schriftstellen zuwendet, wie denen aus dem Hebräerbrief, die ich erwähnte? Was für theologische Fragen würden Sie von einer Tochter erwarten, die von ihrem Vater sagte: »Ich wußte nie, ob ich umarmt oder verprügelt werden würde, und ich war mir nie sicher, was diese unterschiedlichen Reaktionen hervorrief.« Oder von der jungen Frau, die sagte: »Wenn Vater zur Tür hinausging, wußten wir nie, wann er zurückkommen würde — in einigen Stunden, einigen Tagen oder einigen Jahren.«

Oder von der Frau, die mir hemmungslos schluchzend erzählte: »Ich vergrub mein Gesicht in Kissen und weinte, als Vati mit mir schlafen wollte.«? Können diese Frauen ohne eine tiefgreifende Heilung wirklich eine richtige Vorstellung von Gott als dem himmlischen Vater haben, der uns liebt, sich um uns sorgt und uns niemals verläßt?

Ja, das sind Extremfälle, aber sie veranschaulichen sehr gut, worum es hier geht. Nicht alle theologischen Fragen und Zweifel sind Zeichen von Unglauben oder Rebellion. In vielen Fällen sind sie Symptome für das Bedürfnis nach tiefer, innerer Heilung. Erst wenn diese stattgefunden hat, sind solche Menschen in der Lage, ihre falschen Glaubensvorstellungen aufzugeben und die Schrift richtig zu verstehen.

Probleme mit neurotischem Perfektionismus

Da ich das Thema des Perfektionismus in »Heilung der Gefühle« ausführlich behandelt habe, werde ich hier nicht allzusehr auf Einzelheiten eingehen. Tausende von Briefen und Anrufen, die ich von Lesern erhalten habe, haben mich jedoch in meinem Glauben bestärkt, daß dies eines der häufigsten emotionalen »Viren« ist, von denen Christen heutzutage angegriffen werden.

Wir sollten die biblische Aussage in bezug auf christliche Vollkommenheit nicht mit einem Phänomen verwechseln, das lediglich deren Imitation, ja sogar deren Hinderungsgrund ist – der neurotische Perfektionismus. Die Vollkommenheit, von der die Bibel spricht, ist ein Maß an Reife und Heiligung, das erreicht wird, indem die Heiligkeit Christi durch den heiligen Geist in uns Wohnung nimmt, so daß wir in der Lage sind, ein Leben des ständigen Sieges über die Sünde zu führen. Ebenso wie unsere Rechtfertigung ist dies allein eine Gnadengabe Gottes. Sie wird durch den Glauben empfangen und gelebt und ist in erster Linie ein Ergebnis unserer persönlichen Beziehung zu Gott. Sie hängt nicht von unserer perfekten Leistung (Werken) ab, sondern von dem Glauben an seine vollkommene Leistung.

Überall in der Schrift werden wir ermahnt, diese Art der Lebensführung zum Ziel unserer Heiligung zu machen. Christliche Vollkommenheit hat je nach theologischem Hintergrund viele verschiedene Bezeichnungen. Leider wird es von einigen das »Leben auf höherer Ebene« oder das »tiefgläubige Leben« oder das »geisterfüllte Leben« genannt. Diese Christen scheinen sich damit zufriedenzugeben, auf einer niedrigeren, flacheren oder halberfüllten Ebene des geistlichen Lebens zu bleiben. Denn christliche Vollkommenheit ist die Norm für alle Christen und Gottes Wille für seine erlösten Kinder. Wahre christliche Vollkommenheit ist ein gesundes Streben all der Menschen, die aus Dankbarkeit dafür, daß sie so angenommen und geliebt werden wie sie sind, Gott wohlgefällig sein wollen und *zu seinen Bedingungen* ihr Bestes geben wollen.

Obwohl der neurotische Perfektionismus dem oben beschriebenen Lebenswandel äußerlich ähnlich sein mag, ist er in Wahrheit der größte Feind der echten christlichen Vollkommenheit. Neurotische Perfektionisten sind ständig und zwanghaft bemüht, sich selbst für Gott annehmbar zu machen und messen ihre Beziehung zu ihm nach ihren eigenen Vorstellungen von Leistung und Erfolg. Unruhig sehen sie nur auf ihre eigenen Werke, anstatt in Christi Werk zu ruhen. Dieses Verhalten wurzelt in ihrer Vorstellung und in ihren Gefühlen von einem nicht zufriedenzustellenden Gott. Ihr Gott ist ein unersättlich fordernder Tyrann, der perfekte Leistungen verlangt. Er ist ein strafender Richter, der kein Verständnis für Unvollkommenheit hat. Beim kleinsten Versagen bringt er sein Mißfallen zum Ausdruck und überhäuft sie mit Verdammung und Schuld. Daher verdrehen perfektionistische Christen die Wahrheit und *messen ihrem Verhalten vor Gott größere Bedeutung bei als ihrer Beziehung zu ihm.* Sie setzen Verhalten vor Glauben, Taten vor Vertrauen, Verdienst vor Geschenk, Werk vor Anbetung und Leistung vor Liebe.

Daraus folgt natürlich, daß das Gewissen der Perfektionisten überempfindlich ist und sie unter der Tyrannei der Gesetzlichkeit leiden. Sie versuchen, ihre Ängste zu beschwichtigen, indem sie sich in falscher Demut selbst klein machen und Pflichten, Regeln und Gesetze überbetonen. Trotz ihrer ständigen Bemühungen sind sie stets schuldbeladen und ständigen Angstgefühlen, Stimmungsschwankungen und Depressionen unterworfen. Die Ursache hierfür ist darin zu suchen, daß die Grundlage ihrer Beziehung zu Gott Leistung und nicht Gnade ist. Im besten Fall ist es eine Mischung dieser beiden Faktoren, wie sie im Galaterbrief erwähnt wird. Viele dieser Christen gebrauchen unbewußt gerade die Kanäle der Gnade — Buße, Bekenntnis, Gebet, Bibellese und christlichen Dienst —, um sie zu leistungsbezogenen Werken umzufunktionieren. Ihre Bemühungen, inneren Frieden zu finden und Gott wohlgefällig zu sein, indem sie ein weiteres Kapitel in der Bibel lesen, eine weitere Stunde beten und eine weitere Aufgabe in der Gemeinde übernehmen, sind zum Scheitern verurteilt. Sie fühlen sich wie in einer Falle, aus der es kein Entrinnen gibt. Ihr eigenes Gewissen verdammt sie, gleichgültig wieviel sie tun. So entsteht die tiefe Verzweiflung neurotischer Perfektionisten, die

115

viele aufrichtige Christen in den emotionalen oder geistlichen Zusammenbruch treibt.

Erschwerend kommt noch hinzu, daß solche Menschen oft große Probleme mit der Einsamkeit haben, da es ihnen an guten persönlichen Beziehungen mangelt. Weil sie überzeugt sind, daß andere (wie Gott) sie ablehnen werden, wenn sie ihre Unvollkommenheit entdecken, kommen sie ihnen zuvor, werden überempfindlich, reagieren gereizt auf Kritik und sind in ihrer Kommunikation gehemmt. All dies verschlimmert ihre Beziehung zu anderen noch. Unbeabsichtigt ziehen sie damit genau die Ablehnung und Kritik auf sich, die sie so sehr fürchten. Als Reaktion auf diesen Teufelskreis sagt ihnen ihre innere Stimme mißbilligend: »Es ist genau, wie ich dir gesagt habe. Die Menschen akzeptieren dich nicht, wenn du nicht vollkommen bist.« Der Kreis schließt sich, wenn dann in ihnen Wut und Groll auf die anderen aufsteigt, die mit Annahme und Liebe hätten reagieren »sollen«. Damit erstreckt sich ihre Frustration und ihre Verzweiflung auf alle ihre Mitmenschen, besonders auf diejenigen, die ihnen am nächsten stehen.

Christen sind in unterschiedlichem Ausmaß von dem Perfektionisten-Virus befallen. Wir alle tragen etwas davon in uns, weil es Teil des Wachstums in Christus ist. Selbst solche, die bei den besten Eltern und in der idealen Umgebung aufgewachsen sind, haben mit falschen Gottesvorstellungen zu kämpfen. Unsere eigene Sündhaftigkeit – die z. T. in unserer Natur liegt und z. T. auf unseren Entscheidungen beruht – sowie Satan, der Vater der Lüge, werden schon dafür sorgen! Das vielleicht Erstaunlichste an Gottes Liebe ist die Tatsache, daß *er uns trotz unserer verzerrten Vorstellungen von ihm annimmt* und an uns arbeitet, bis wir ihn allmählich so kennenlernen, wie er in Wahrheit ist. Die meisten von uns beginnen ihre geistliche Pilgerschaft mit einer Vorstellung, in der sich Gesetz und Gnade vermischen. Erst wenn wir seine große Treue auch in unserem vielfältigen Versagen erleben, kommen wir schließlich an den Punkt, an dem wir wirklich mit dem Verfasser der Hymne *»Fels aller Zeiten«* singen können: »Ich bringe dir in meinen Händen nichts, nur an deinem Kreuz halt ich mich fest.«

Es gibt jedoch viele Christen, die trotz ihrer moralischen Aufrichtigkeit und ihrer gewissenhaften Disziplin im Perfektionismus steckenbleiben und nicht in die Freiheit und Reife in Christus hineinwachsen. Stattdessen sind sie weiterhin leistungsorientiert und sinken sogar immer tiefer in den neurotischen Perfektionismus ab, den wir bereits beschrieben haben. Sie sind aufrichtige, aber sehr unglückliche Christen, die ihren täglichen Pflichten in stiller Verzweiflung nachkommen. Als Eltern schaffen sie, ohne es zu wissen, eine gesetzliche, erbarmungslose Atmosphäre in ihrer Familie, in der Liebe stets an Bedingungen geknüpft ist. Dadurch wird die tödliche Infektion auch auf die nächste Generation übertragen. Gott sei Dank muß das nicht so bleiben. Sie können dadurch geheilt werden, daß sie Gottes bedingungslose Gnade in den tiefsten Schichten ihrer Seele erfahren. Aber das setzt richtige Vorstellungen und Gefühle in bezug auf Gott voraus. Dies ist manchmal unmöglich, wenn nicht vorher eine tiefe, innere Heilung der Erinnerungen, die zu dem entstellten Gottesbild geführt haben, stattgefunden hat.

Maria und Rabbuni

Vor einigen Jahren kam eine Dame namens Carrie zu mir in die Seelsorge. Sie hatte eine Predigt von mir gehört, in der ich davon gesprochen hatte, daß einige Christen innere Heilung benötigen. Sie war eine sehr intelligente, attraktive und geisterfüllte Christin und auch in ihrem Beruf überaus erfolgreich. Während der Predigt hatte der Heilige Geist ihr eine bis dahin verschleierte Tatsache offenbart, so daß sie sich einer tiefen Wut gegen Gott bewußt wurde. Da Carrie nahezu ihr ganzes über fünfzigjähriges Leben lang als gewissenhafter Christ gelebt hatte, war diese Erkenntnis für sie ein großer Schock. Einige Monate lang kam sie regelmäßig zu mir in die Seelsorge. Nach und nach durchstießen wir viele Schichten unterdrückter Emotionen, bis der Heilige Geist uns schließlich an den Punkt führte, wo sie Heilung brauchte.

Langsam kehrten bestimmte Erinnerungen zurück — Erinnerungen an eine Zeit, als sie ungefähr zehn Jahre alt gewesen war. Es war im zweiten Weltkrieg, und Carries Lieblingsbruder war in der Armee. Eines Tages kam ein Armeeoffizier in ihr Haus und überbrachte ihnen die schreckliche Mitteilung, daß ihr Bruder gefallen sei. Carries Eltern waren am Boden zerstört. Ihre Mutter ging in ihr Zimmer und schloß sich tagelang ein. Carrie wurde im wahrsten Sinne des Wortes die Verantwortung aufgebürdet. Sie mußte stark sein und viele Haushaltspflichten übernehmen. *Niemals hatte sie Gelegenheit, ihrem Kummer über den Verlust des Bruders Ausdruck zu verleihen.* Diesen Bruder hatte sie mehr geliebt als irgendeinen anderen Menschen auf der Welt. Trotz ihres großen Kummers hatte niemand genug Verständnis für sie, um ihr in ihrem Schmerz zuzuhören.

In ihrem zerbrochenen und überlasteten Herzen stieg Zorn auf – gegen Gott, weil er es zugelassen hatte, daß ihr Bruder getötet wurde, und gegen ihre Familie, weil sie es ihr nie gestattet hatte, ihren Tränen freien Lauf zu lassen. Mit zehn Jahren mußte sie zu einer Superfrau werden, um deren Nöte sich niemand kümmerte. Jetzt erhielt sie durch diese schmerzlichen Erinnerungen die Gelegenheit, ihren Kummer zum Ausdruck zu bringen. Aber sie erkannte auch, daß sie durch die damaligen Ereignisse zu einem verschlossenen Menschen geworden war, der sich und andere durch seine perfektionistische Lebenseinstellung überforderte. Der Kern ihrer Wut und ihres Schmerzes kam in diesen Worten zum Ausdruck: »Ich wurde immer gezwungen, etwas zu tun und jemand zu sein, der ich in Wirklichkeit nicht bin.« Das übertrug sich auf ihre Einstellung zu ihren Vorgesetzten und zu Gott, der sie immer anzutreiben schien, mehr zu sein, als sie in Wirklichkeit war. Mit Carries Erlaubnis gebe ich jetzt den Inhalt des Briefes wieder, in dem sie den Wendepunkt in ihrer Heilung beschreibt:

»Nachdem ich gestern mit Ihnen gesprochen hatte, kam ich gegen Mittag nach Hause und nahm wie gewöhnlich ein Buch zur Hand. Ich habe *'Rabbuni'* (von W. Philipp Keller) gelesen und bin am Kapitel 'Gottes Vergebung' angelangt. Ohne richtig darüber nachzudenken, begann ich zu lesen. Auf einmal war es für mich mehr als nur ein Buch. Gott gebrauchte es, um mir zu sagen: 'Dir ist vergeben!' Es scheint unglaublich, aber zum ersten Mal in meinem Leben verstand ich wirklich, was es bedeutet, Vergebung empfangen zu haben. Ich finde keine Worte, um das Lied zu beschreiben, das in mir zu klingen begann – das Wunder, Vergebung und Freiheit zu empfinden.

Die Erkenntnis, daß mir vergeben ist, war ein Resultat meines Nachdenkens über eines unserer Gespräche. Ich hatte Sie gefragt: 'Was soll ich jetzt tun?' Und Sie hatten geantwortet: 'Tun Sie gar nichts.' Das schien mir zu einfach, aber schließlich wurde mir klar, daß das in Wahrheit genau die Antwort war, die ich brauchte, denn Gott hatte ja schon alles für mich getan. Vielleicht liegt noch ein langer Prozeß des Umprogrammierens vor mir. Aber jetzt bin ich überzeugt, daß ich endlich auf dem richtigen Weg bin.«

Das war wirklich der Anfang eines neuen Weges der Gnade und der Freiheit in ihrem Leben. So wie Maria in der Bibel den Herrn erkannte (Johannes 20,1-16) lernte Carrie ihren Rabbuni, ihren Meister, auf eine ganz neue Weise kennen.

Vielleicht wäre es angebracht, dieses Kapitel mit einem Gebet des heiligen Augustinus zu beschließen, der zu Beginn seines Glaubenslebens mit dem Problem einer falschen Gottesvorstellung zu kämpfen hatte: »Soll ich dich um Hilfe anrufen oder soll ich dich preisen? Muß ich dich zuerst recht kennen, bevor ich dich anrufe? Wenn ich nicht weiß, wer du bist, wie kann ich dich anrufen? In meiner Unwissenheit könnte ich einen anderen Gegenstand der Verehrung anrufen. Rufe ich dich denn an, um dich kennenzulernen?... Eines steht fest: ich will dich suchen, o Herr, indem ich um deine Hilfe in meinem Leben bete« (The confessions of Augustine in modern English, Sherwood E. Wirt, Zondervan, Seite 1).

9. Kapitel

Die Vorbereitung auf das Gebet

In den vorangehenden Kapiteln haben wir das Fundament für die Heilung der Erinnerungen gelegt. Jetzt werde ich die Gespräche und Gebetssitzungen sowie deren Durchführung näher beschreiben. Auf diese Weise hoffe ich, daß die abschließenden Kapitel für Seelsorger und für Betroffene, die diese besondere Form der geistlichen Therapie verwenden wollen, zu einer Art Gebrauchsanweisung werden können. Da die Gebetszeit das Herzstück dieser Therapie ist, wird sie im nächsten Kapitel in aller Ausführlichkeit beschrieben werden. Aber zunächst wollen wir einige Methoden betrachten, mit deren Hilfe man sich auf das Gebet vorbereitet.

Die Vorbereitung des Betroffenen

Es ist wichtig, daß die Betroffenen in angemessener Weise auf die Gebetszeit vorbereitet werden. Wer ohne wirkliche Kenntnis der notwendigen Vorgehensweise und der wirklichen Probleme überstürzt an die Sache herangeht, praktiziert etwas, das eher der Zauberei als einem Wunder ähnelt, das die Heilung ja sein sollte. Bei Gott gibt es kein Ansehen der Person, aber er geht nach bestimmten Bedingungen und Prinzipien vor. Er wirkt durch die Gesetze des Denkens und des Geistes. Es gibt in der Tat gewisse Prinzipien, die für die Heilung und das Gebet bestimmend sind. Daher wird es in beinahe jedem Fall nötig sein, daß vor und nach den Gebetssitzungen seelsorgerliche Gespräche geführt werden.

Zu Beginn erkläre ich den Menschen, daß ich ihnen wahrscheinlich einige »Hausaufgaben« mit auf den Weg geben werde. Dadurch wird ihnen bewußt, daß niemand (noch nicht einmal Gott) ihnen helfen kann, wenn sie selbst nicht zustimmen und mitarbeiten. Die Vorstellung, daß der Heilige Geist uns in unserer

Schwachheit aufhilft (Röm. 8,26), beinhaltet auch unsere Zusammenarbeit mit dem Einen, der bei unseren Problemen »auf der anderen Seite mitanpackt«. Diese Hausarbeit hilft den Betroffenen, Zugang zu den unterdrückten Erinnerungen und Gefühlen zu finden, die ihre emotionalen Probleme und Verhaltensstörungen hervorrufen. Das Herz- und Kernstück aller Erinnerungen ist die Assoziation, denn Assoziationen sind die Verbindungen, durch die unser Denken sich Erfahrungen wieder in Erinnerung ruft. Indem wir uns an ein bestimmtes Bild erinnern, treten uns gleichzeitig andere Bilder vor Augen, weil unser Denken diese irgendwie miteinander verknüpft. Wenn die Erinnerungen wieder klar ins Bewußtsein treten, können auch die Gefühle, die die Erfahrungen ursprünglich begleiteten, noch einmal durchlebt werden. Die Reihenfolge kann auch umgekehrt sein. Wenn wir gewisse Gefühle erleben, besteht die Möglichkeit, daß Erinnerungen, mit denen wir die Gefühle assoziieren, uns wieder bewußt werden.

An diesem Punkt ist es hilfreich, sich einige der Erkenntnisse von Dr. Wilder Penfield, dem weltbekannten kanadischen Neurologen, vor Augen zu führen. Seit 1951 hat Dr. Penfield jahrelang intensiv auf dem Gebiet der Gehirn- und Gedächtnisforschung gearbeitet. Er ging von der Tatsache aus, daß das ganze Nervensystem mit Hilfe kleinster Mengen von Elektrizität dem Gehirn sensorische Informationen übermittelt und daß das Gehirn seinerseits diese Elektrizität gebraucht, um die Daten aufzunehmen und zu speichern. In seinen Experimenten stimulierte er die Erinnerungszentren des Gehirns mit schwachen elektrischen Impulsen und fand heraus, daß jede Erfahrung, die wir machen, in allen Einzelheiten vom Gehirn aufgezeichnet wird. Dabei spielt es keine Rolle, ob wir sie uns noch bewußt in Erinnerung rufen können oder nicht. Sie ist immer noch in unserem Gedächtnis gespeichert.

Noch wichtiger für unser Thema ist die Tatsache, daß *die Gefühle, die die Erfahrung begleiteten, ebenfalls im Gehirn gespeichert sind.* Sie sind sogar so aufgezeichnet, daß sie von der Erinnerung an die ursprüngliche Erfahrung selbst nicht getrennt werden können. Bei der Rückerinnerung stellen wir uns also nicht etwas lediglich erneut vor Augen oder rufen es uns ins Gedächtnis — *es ist richtiger, von einem erneuten Durchleben einer Erfah-*

rung zu sprechen.

Penfield bewies weiterhin, daß wir Menschen aufgrund dieser Fähigkeit, Erfahrungen noch einmal zu durchleben, gleichzeitig auf zwei psychologischen Ebenen fuktionieren können. Wir können ganz bewußt in unserer gegenwärtigen Umgebung leben und *gleichzeitig* eine frühere Erfahrung ganz lebendig noch einmal durchleben, so daß wir den Eindruck haben, als lebten wir in der Vergangenheit. Daher haben Erinnerungen solch eine Macht über uns und bestimmen so viele der Vorstellungen und Gefühle unserer gegenwärtigen Erfahrung. Wir erinnern uns nicht nur daran, was wir fühlten, sondern wir neigen dazu, jetzt genauso zu empfinden. Der Zweck der Vorbereitungszeit besteht darin, den Betroffenen zu helfen, sowohl die Bilder als auch die Gefühle der schmerzvollen Erinnerungen, die sie teilweise oder ganz aus ihrer Erinnerung verdrängt haben, wieder bewußt zu machen, ihnen zu helfen zu sehen, zu hören, zu fühlen und zu verstehen, was sie damals erlebten.

All das sollten sie dann vor den Herrn bringen, damit sie geheilt werden können. Es ist gewiß nicht als Spott gemeint, wenn ich sage: Wenn Penfield dies durch elektrische Impulse fertiggebracht hat, kann der Heilige Geist mit Sicherheit dasselbe tun, wenn wir ihn darum bitten. Daher können wir durch Lektüre, durch das Anhören von Kassetten und durch das Öffnen unseres Herzens in Stille und Gebet vor ihm Erinnerungen wieder zum Leben erwecken und dadurch die Möglichkeit gewinnen, uns dieser schmerzhaften Erinnerungen bewußt zu werden, die unser Wachstum in Christus hemmen.

Vorbereitende Bücher und Kassetten

Nachdem ich mit den Betroffenen einige Gespräche geführt und dadurch den Eindruck gewonnen habe, daß Gott mich auf diese Form der inneren Heilung hinweist, schlage ich ihnen einige Bücher vor. Was ich empfehle, hängt größtenteils von den Problemgebieten ab, mit denen sie zu kämpfen haben.

Einige Menschen finden es bequemer oder für sie hilfreicher,

Kassetten anzuhören. Sie können sie auf der Fahrt zur Arbeit oder abends in der ungestörten Stille ihres Wohnzimmers anhören. Meiner Erfahrung nach können Kassetten Menschen sehr gut dabei helfen, sich ihrer Nöte bewußt zu werden.

Schriftliche Aufgaben

Während die Betroffenen Bücher lesen oder Kassetten anhören, sollten sie sich Notizen darüber machen, welche Gedanken und Erinnerungen ihnen dabei in den Sinn kommen. Es ist wichtig, an folgendes zu denken: *Nichts ist zu unbedeutend oder zu töricht, um es aufzuzeichnen*, denn obwohl es jetzt vielleicht vom Standpunkt eines Erwachsenen dumm oder unwichtig erscheint, kann es zum damaligen Zeitpunkt sehr wichtig gewesen sein und tiefe Verletzungen verursacht haben. Vielleicht ist das Schmerzvollste an den Erinnerungen gerade dieser Punkt – die anderen an dem Vorfall beteiligten Bezugspersonen haben nicht erkannt, wieviel es dem Betroffenen bedeutete, und das hat die meisten Schmerzen verursacht.

Was immer dem Betreffenden in den Sinn kommt, während er liest oder eine Kassette hört, sollte von ihm notiert werden. Manchmal kommt man auch zu guten Ergebnissen, wenn man in dieser Zeit ein Tagebuch führt.

Zugang zu den eigenen Gefühlen finden

Der eigentliche Zweck dieser Hausaufgaben besteht darin, dem Menschen zu helfen, sich der wahren Gefühle, die mit ihren unterdrückten Erinnerungen Hand in Hand gehen, bewußt zu werden. Die raffinierteste Falle, der man dabei aus dem Wege gehen muß, ist »die Paralyse durch Analyse«. Das geschieht dann, wenn der Betroffene alles auf die »große Verstandestour« angeht. In einem sehr ausführlichen Seelsorgegespräch können manche Betroffenen ganz klinisch-kalt eine überaus schmerzvolle Vergangenheit beschreiben. Sie können alles in ihrem Verstand analysieren, die Probleme erkennen, die verstandesmäßig gelöst werden müssen, und mit ihrer Vernunft diese Lösungen erarbeiten. Aber wenn alles vorbei ist, werden sie entdecken, daß sich in Wirklichkeit nichts geändert hat. Es war alles eine Art von faszinierendem, intellektuellem und geistlichem Spiel. *Alles spielte sich in ihrem Kopf ab, aber ihr Herz und ihr Lebensstil wurden davon nicht berührt.*

Ich möchte die Bedeutung des Denkens bei dem Prozeß der Heilung keinesfalls herabsetzen. Immer wieder haben wir die biblische Vorstellung von der Gesamtheit der Person betont. Dies schließt mit Sicherheit auch das Denken ein. An einem gewissen Punkt der Heilung müssen unsere Gedanken umprogrammiert werden, und wir müssen durch die Erneuerung unseres Sinnes verwandelt werden. Bei einigen Christen ist es möglich, diese Erneuerung direkt anzugehen und ihnen dadurch zu helfen, die ganze Fülle des Lebens in Christus zu entdecken. Aber bei anderen müssen sich christliche Mitarbeiter darüber im klaren sein, daß dies nicht geschehen kann, bevor sie nicht zuerst von ihren emotionalen Komplexen freigeworden sind.

Wenn wir solchen seelisch geschädigten Menschen sagen, das einzige, das ihnen Schwierigkeiten bereite, sei ihr »falsches Denken« oder sie sollten »aufhören, im Fleisch zu leben und ihr ihnen rechtmäßig zustehendes Leben im Geist ausleben«, verstärken wir nur ihr Schuldgefühl und treiben sie in noch tiefere Verzweiflung hinein. Ich habe viele Stunden damit verbracht, die Schäden bei desillusionierten Christen zu reparieren, die dazu gedrängt wurden, diese Abkürzung zu versuchen. *Auf diese Weise kann es einfach nicht funktionieren. Nicht, weil sie es nicht genügend wollen oder weil Gottes Macht nicht groß genug ist, sondern weil Gott seine eigenen Prinzipien, mit denen er ihnen Gesundheit und Heiligkeit schenken möchte, nicht verletzen kann.* Wie in dem Fall der Frau, den wir in Kapitel 8 beschrieben haben, müssen tief vergrabene, negative Emotionen zunächst ans Tageslicht gebracht und behandelt werden.

Daher möchte ich noch einmal betonen, wie wichtig es ist, diese unterdrückten Gefühle freizulegen. Viele Menschen haben schreckliche Angst davor. Sie fürchten, die Kontrolle über ihre

Gefühle zu verlieren und sind darauf bedacht, stets alles auf der Verstandesebene zu analysieren: »Aber ich möchte wissen, warum...«, werden sie immer wieder sagen. All dies trägt dazu bei, ihre Abwehrmechanismen zu verstärken, und ihre wahren Gefühle werden immer tiefer in das Urgestein ihrer Persönlichkeit hineingetrieben. Daher müssen wir, wenn wir den Betroffenen ihre Aufgaben mit auf den Weg geben, immer betonen, wie wichtig es ist, daß sie es zulassen, daß ihre Gefühle an die Oberfläche kommen.

In den Jahren meines Dienstes habe ich durch die Menschen, die zu mir in die Seelsorge kamen, viele wichtige Dinge gelernt. Sie selbst haben Methoden vorgeschlagen, wie man verborgene Erinnerungen und eingefrorene Gefühle wieder zum Leben erwecken kann. Einmal gab ich einer jungen Dame die üblichen Lektionen (Lektüre und schriftliche Aufgaben) mit. Vor der nächsten Sitzung hatte sie Urlaub und fuhr nach Hause. Dort veranlaßte sie der Heilige Geist, all die alten Familienfotos anzusehen, die auf dem Speicher aufbewahrt wurden. Sie entschloß sich, all die Bilder, die sie selbst zeigten, in einer chronologischen Reihenfolge nebeneinanderzulegen. Sie begann mit dem frühesten Babyfoto und beendete die Reihe mit einem Foto aus der Gegenwart. Es machte ihr zunächst Spaß – bis sie auf einmal eine ziemlich deutliche Veränderung in ihren Bildern entdeckte. Die Bilder eines fröhlichen Babys und eines glücklichen kleinen Mädchens begannen sich zu verändern. Die Veränderung in ihrer Haltung und in ihrem Gesichtsausdruck war auffällig. Auf einmal hatte sich ein Ausdruck der Schüchternheit und der Traurigkeit auf ihr Gesicht gelegt.

Als sie all diese Bilder nebeneinanderlegte und sich über diese Veränderung Gedanken machte, begann sie auf einmal vor Angst und Nervosität zu zittern. Erinnerungen, die sie jahrelang aus ihrem Denken verdrängt hatte, kamen jetzt mit Macht an die Oberfläche des Bewußtseins. Wir waren durch die Seelsorge noch nicht in der Lage gewesen herauszufinden, um welche Erinnerungen es sich handelte. Jetzt traten sie ganz von selbst deutlich hervor, und sie konnte sich an einige sehr schmerzvolle Erfahrungen erinnern, bei denen sie von einem lesbischen Babysitter sexuell mißbraucht worden war. Aufgrund dieser visuellen Erfahrung mit den Fotografien konnte sie schnell zur Heilung geführt werden, als sie in die Seelsorge zurückkehrte. Seit der Zeit habe ich oft Menschen vorgeschlagen, alte Fotos, Familienbilder und Schul- oder Universitätsjahrbücher durchzugehen. Der Gebrauch von Fotografien war oft sehr hilfreich, wenn wir nicht in der Lage waren, die Erinnerungen bis an den Punkt zurückzuverfolgen, wo der Ursprung der wirklichen Verletzung lag.

Auch das Reisen an Orte, die mit schmerzlichen Erinnerungen in Zusammenhang stehen, kann vergrabene Emotionen zurückbringen. Orte, an denen man früher gelebt hat, Schulen, sogar Kirchen oder Gemeinden, die mit schmerzlichen Erinnerungen verbunden sind, können vom Heiligen Geist gebraucht werden, um Schmerz wieder an die Oberfläche des Bewußtseins zu bringen.

Eine geschiedene Frau, die wegen ihres früheren Lebens unter großen Schuldgefühlen litt und sich selbst verachtete, erzählte mir, sie sei zu dem Platz auf dem Land zurückgefahren, wo in ihrer Teenagerzeit alles begonnen hatte. Sie sagte:»Ich fuhr allein hinaus und parkte den Wagen, wo wir in jener Nacht geparkt hatten. Dann kletterte ich auf den Rücksitz, wo ich das erste Mal meine Selbstachtung fortgeworfen hatte. Dort in dem Auto schluchzte ich alles aus mir heraus und bat Gott, diesen Erinnerungen den brennenden Stachel zu nehmen.«

Heute ist sie eine wunderbare Pastorenfrau und tut einen einzigartigen Dienst unter problembeladenen Teenagern und jungen Geschiedenen, die versuchen, ein neues Leben aufzubauen. Sie ist wahrhaftig eine von Gottes geheilten Helfern!

Das seelsorgerliche Gespräch

Durch diese Hausaufgaben kann, wenn sie ernst genommen werden, viel erreicht werden. Jedoch ist es gewöhnlich nicht möglich, allein dadurch die volle Heilung zu erlangen. Das göttliche Prinzip der Heilung — Dinge voreinander bekennen und füreinander beten (Jak. 5,16) — weist auf die Notwendigkeit der Hilfe durch einen Seelsorger hin. Betrachten wir noch einmal die graphische Darstellung aus Kapitel 7. Da kranke, zerstörerische Beziehungen der Vergangenheit den Wahrnehmungssinn einiger Menschen entstellt haben, ergibt sich als logische Konsequenz, daß gesunde, aufbauende Beziehungen in der Gegenwart erforderlich sind, um die rechte Wahrnehmungsfähigkeit wiederherzustellen. Daher ist eine gesunde Vertrauensbeziehung zu einem Seelsorger oft eine unbedingte Voraussetzung.

Meine Definition eines Seelsorgers ist die eines *vorübergehenden Assistenten* des Heiligen Geistes. Jedes der beiden kursiv gedruckten Wörter ist gleichermaßen wichtig. »Assistent« aus dem Grunde, weil das Ziel aller christlichen Seelsorge darin besteht, Menschen zu emotionaler und geistlicher Reife zu verhelfen, damit sie direkt mit dem Heiligen Geist, dem großen Seelsorger, in Beziehung treten können. *Vorübergehend*, weil die Abhängigkeit von dem Seelsorger niemals auf Dauer bestehen sollte. Wenn das der Fall ist, wird die Seelsorge selbst zu einem Teil des Problems und nicht zu einem Mittel zu dessen Lösung. Sie wird zu einem Teil der Krankheit und nicht der Heilung. Daher sollte sie stets nur ein *vorübergehendes* Mittel auf dem Weg zu dem Ziel der völligen Abhängigkeit vom Heiligen Geist sein.

Die entscheidende Bedeutung von Seelsorgern im Heilungsprozeß sollte keinesfalls unterschätzt werden. Die ganze Menschheitsgeschichte hindurch hat Gott Menschen als Assistenten gebraucht, nicht nur, um sein Werk zu tun, sondern auch, um »in den Riß zu treten« und den Menschen zu vermitteln, wie sein Charakter in Wahrheit beschaffen ist. Es gibt unzählige Menschen, die ähnlich empfinden wie das verängstigte, kleine Mädchen, dessen Mutter versuchte, sie zu trösten, indem sie ihr versicherte, daß Gott gegenwärtig ist: »Ich weiß das«, sagte sie, »aber ich brauche einen Gott, den man anfassen kann!« Der Seelsorger kommt diesem Bedürfnis entgegen. Für viele Betroffene ist dies das erste Mal in ihrem Leben, daß sie eine stabile, vertrauenswürdige und wahrhaft liebevolle (von Annahme und Offenheit geprägte) Beziehung erleben. Daher ist allein das *Dasein* des Seelsorgers der Anfang der Heilung.

Aber auch sein *Handeln* übt einen großen Einfluß aus. An dieser Stelle wollen wir hier nicht detaillierte Instruktionen über den *Prozeß des Zuhörens* geben, der ein wichtiger Bestandteil der Seelsorge ist. Diejenigen, die die Tätigkeit eines Seelsorgers ausüben – Pastoren, Sonntagschullehrer, Gemeindemitarbeiter oder vertrauenswürdige Freunde – müssen die Kunst des Zuhörens erlernen. Glücklicherweise ist es eine erlernbare Kunst, und wir können uns durch die Praxis verbessern. Wir alle haben schon einmal die Erfahrung gemacht, daß wir einfach zugehört haben, wie uns jemand sein Herz ausgeschüttet hat und dieser Mensch dann zu unserer Überraschung (da wir kaum etwas gesagt haben) sagte: »Vielen Dank, du hast mir so geholfen.« Wir müssen daran denken, daß vielleicht niemand diese Menschen bisher genug geliebt oder geschätzt hat, um ihnen zuzuhören.

Sie sollten konzentriert und aufmerksam zuhören und sich dabei nicht nur auf Ihre Ohren, sondern auch auf Ihre Augen verlassen. Achten Sie auf die Zeichen der Körpersprache – Tränen in den Augen, Erröten oder rote Flecken auf dem Gesicht und auf dem Hals, Seufzen und Schlucken, wodurch aufsteigende Emotionen im wahrsten Sinne des Wortes wieder »hinuntergeschluckt« werden sollen. Achten Sie darauf, ob jemand spricht wie ein »Maschinengewehr«, um durch das viele Sprechen zu verhindern, sich den eigenen Gefühlen stellen zu müssen.

Oft begegnet man auch dem nervösen Lachen, das mit dem, worüber der Betroffene gerade spricht, überhaupt nicht in Beziehung steht. Es kann störend sein, aber denken Sie daran, es ist ein hoffnungsvolles Zeichen. Diese Art des Lachens deutet darauf hin, daß Menschen mit tiefen Emotionen konfrontiert werden und daß sie nicht wissen, wie sie mit ihnen umgehen sollen. Das Lachen ist eine Emotion, die man in der Gesellschaft ungestraft zeigen kann. »Tapfere Kinder weinen nie«, und es wird ihnen oft nicht gestattet, irgendwelche negativen Emotionen zum Ausdruck zu bringen. Lachen jedoch dürfen sie immer, selbst wenn sie »innerlich weinen«. Scheuen Sie sich nicht, die Menschen vorsichtig auf diese Zusammenhänge hinzuweisen und ihnen dadurch den Eindruck zu vermitteln, den Sie von ihnen haben. Ein wichtiger Teil ihrer Selbsterkenntnis besteht darin, daß sie *verstehen, welche Bedeutung* hinter ihren Aussagen und hinter ihrem Verhalten wirklich steckt.

Sie sollten *betenden Herzens* zuhören. Während Sie sich aufmerksam auf das konzentrieren, was Ihnen mitgeteilt wird, sollten

Sie auf einer tieferen Ebene Ihren geistlichen Radar einstellen, um *für die Führung des Heiligen Geistes empfangsbereit zu sein.* Ihr eigener Geist sollte nicht nur auf den menschlichen Geist eingestellt sein, der sich Ihnen mitteilt, sondern Sie sollten auch betenden Herzens auf die innere Stimme des Geistes Gottes horchen.

Denken Sie jedoch daran, daß Sie ein fehlbares menschliches Wesen sind und daß Sie die Eindrücke, die Sie erhalten, mit großer Demut behandeln sollten. Manche Menschen glauben, sie hätten einen unfehlbaren »heißen Draht zu Gott« und geben ihre Eindrücke zu schnell und überstürzt weiter. Ich muß mich oft selbst an die Begebenheit erinnern, als ein Laie den großen Prediger von Neu-England, Joseph Parker, besuchte und ihn in seinem Büro auf und ab gehend vorfand. »Was ist los, Dr. Parker?« fragte er. Parker antwortete: »Es ist ganz einfach: *ich bin in Eile, aber Gott ist es nicht!«* Sie müssen sich betenden Herzens auf den Heiligen Geist ausrichten, aber auch gewillt sein »die Geister zu prüfen« (1. Joh. 4,1), um zu erkennen, ob die Eindrücke wirklich von ihm sind. Ich habe herausgefunden, daß alles Überstürzte gewöhnlich falsch ist.

Andererseits sollten Sie nach sorgfältiger und durchbeteter Überlegung keine Angst haben, Gottes Führungen zu gehorchen. Oft habe ich gefühlt, wie mir der Heilige Geist zu erkennen half, was das wirkliche Problem eines Menschen war, obwohl er es nicht direkt erwähnt hatte. Und wenn ich es ihm schließlich mitteilte, war es zwar oft sehr schmerzhaft, aber doch genau der Punkt, an dem er am meisten Heilung benötigte.

Wiedergabe, Rollenspiel und Gesprächslenkung

Viele Pastoren und Laien werden aufgefordert, die Rolle eines Seelsorgers zu übernehmen. Dieser Teil des Buches soll den Nichtprofessionellen helfen, die in der Heilungskette ein wichtiges Verbindungsglied darstellen können. Die vorbereitende Seelsorge für die Heilung der Erinnerungen erfordert soviel menschliche Weisheit und Fähigkeit wie nur irgend möglich und setzt die Führung durch den Heiligen Geist voraus. Wir brauchen all dies, wenn wir Menschen dazu bringen wollen, sich an Dinge zu erinnern, an die sie sich eigentlich gar nicht erinnern wollen, und sich einem Schmerz zu stellen, dem sie schon seit langer Zeit aus dem Weg gehen. Nicht nur unser aufmerksames und betendes Zuhören, auch unsere Antworten können in dem Prozeß eine entscheidende Rolle spielen.

Die Betroffenen sind sich oft nicht bewußt, was sie in Wirklichkeit gerade gesagt haben. Seelsorger sollten ihnen nicht immer direkt sagen, was sie hören. Stattdessen sollten sie ihnen helfen, sich der wahren Bedeutung hinter der gerade gemachten Aussage bewußt zu werden. So werden die Betroffenen auch erkennen, was sie fühlen, und in der Lage sein, so zu beten, daß ihr Gebet mehr Frucht bringt.

Wenn Seelsorger wichtige Hinweise erhalten, sollten sie von der *Wiedergabetechnik* Gebrauch machen, um dem Betroffenen zu vermitteln, was er gerade gesagt hat, damit auch er die eigentliche Bedeutung des Gesagten heraushört. In Kapitel 11 habe ich von Larrys Heilung berichtet. Sie ist ein Beispiel für den Gebrauch des aufmerksamen Zuhörens und der Wiedergabetechnik, mit der man Menschen helfen kann, verborgene Nöte zu entdecken.

Das *Rollenspiel* ist eine weitere Methode, die Menschen Zugang zu ihren Gefühlen verschaffen kann. Dazu gehören Fragen wie: »Was hätten sie ihm/ihr gerne gesagt, wenn Sie dazu Gelegenheit gehabt hätten?« Oder: »Was hätten Sie gerne getan, wenn Sie die Gelegenheit dazu gehabt hätten?« Wenn es sich um Dinge handelt, die die Betroffenen gerne gesagt hätten, ist es effektiver, sie zu bitten, sich vorzustellen, daß Sie die Person wären und er es direkt zu Ihnen sagen kann. Wir neigen nämlich oft dazu, alles in der dritten Person abzuhandeln: »Ich hätte ihm gerne gesagt...« Versuchen Sie die Menschen dazu zu bringen, daß sie direkt zu Ihnen sprechen oder ihre Worte an einen leeren Stuhl richten, auf dem die Person, von der die Rede ist, angeblich sitzt. Also z. B.: »Vati (Mutti), ich wünschte, du würdest mir zuhören, wenn ich versuche, dir zu erklären, was ich fühle.« Oder: »(Name der Person), ich fühle, daß du mich innerlich ablehnst.«

Das Rollenspiel sollte den Menschen nicht aufgezwungen werden, sondern sich ganz natürlich aus dem Gespräch ergeben.

Es kann Menschen auf machtvolle Weise erkennen lassen, was sie in Wahrheit in der ursprünglichen Situation gefühlt haben. Oft sind sie überrascht über den Strom von schmerzvollen Emotionen, der in ihnen hervorbricht, während sie sprechen. Einmal wurden mir ein paar Knöpfe meiner Jacke abgerissen, als jemand in der Seelsorge die durch ein Rollenspiel hervorgerufene Wut nicht mehr beherrschen konnte. Aber das Ergebnis zeigte dann, daß es sich gelohnt hatte!

Wir müssen die Betroffenen ständig durch Gesprächslenkung anspornen, Erinnerungen, verborgene Bedeutungen und Gefühle in sich aufzudecken. Sie sind alle wichtig, und bevor sie aufgegeben werden können, muß man sich erst einmal eingestehen, daß man sie hat. Das ist psychologisch formuliert dieselbe Wahrheit, die wir bereits in Kapitel 5 erwähnten – wir können Gott nur etwas bekennen, das wir uns zuerst selbst eingestanden haben. Es ist erstaunlich, wie hartnäckig Menschen ihre Gefühle verleugnen, weil »Christen, besonders *geisterfüllte Christen*, solche Gefühle nicht haben sollten«. Das ist nichts anderes als Realitätsverleugnung und eine Form der Unaufrichtigkeit. Erst wenn eine Sache ans Licht gebracht wird, kann sie von dem Einen geheilt werden, der der Geist der Wahrheit genannt wird.

Sich seiner wahren Gefühle bewußt zu werden, ist mehr als nur eine moderne, psychologische »Gefühlstherapie«, die zu einer emotionalen Katharsis und damit zu positiven Gefühlen führt. Es beruht vielmehr auf der fundamentalen biblischen Realität des Bekenntnisses der Buße und der Vergebung. Das englische Wort *confess* leitet sich von den englischen Wörtern *con* und *fess* ab. Confess (bekennen) ist einfach eine Zusammensetzung von *fess* (sagen oder sprechen) und *con* (zusammen mit). Bekennen heißt, vor Gott etwas einzugestehen und auszusprechen, was dieser bereits weiß, und seine Beurteilung dieser Handlung bewußt und offen anzunehmen. Menschen hierzu zu verhelfen, ist das Ziel unserer Seelsorge. Wir helfen ihnen, die Wahrheit zu erkennen, die sie durch Einsicht und bewußte Wahrnehmung frei macht. Noch wichtiger ist, daß wir ihnen helfen, den Sohn Gottes kennenzulernen, dessen erlösende und heilende Macht sie wahrhaft freimachen wird (Joh. 8,32.36).

Die letzte Aufgabe

Wenn deutlich wird, daß alles erreicht wurde, was durch das gemeinsame Gespräch und die zuvor beschriebenen Aufgaben möglich ist, sollte dem Betroffenen noch eine letzte Aufgabe gestellt werden. Er sollte aus all den Dingen, die zur Sprache kamen und über denen gebetet wurde, eine Liste als Anhaltspunkt für das Gebet zusammenstellen. Diese Liste sollte die quälenden und immer wiederkehrenden Erinnerungen einschließen, die als Ursache der wichtigen emotionalen und geistlichen Komplexe erkannt worden sind.

Die einzelnen Punkte müssen nicht sonderlich detailliert beschrieben werden, es genügt ein Stichwort oder ein Satz zu jedem Thema, um sich später daran erinnern und dafür beten zu können. Die Liste sollte so präzise wie möglich sein, d. h. Personen sollten namentlich genannt werden und Ereignisse, Einstellungen und die mit dem Vorfall verbundene Atmosphäre gezielt aufgeführt werden. Ein Mann nannte dies seine »Schlägerliste«. Als ich ihn nach dem Grund für diese Bezeichnung fragte, erklärte er es mir so: »Weil das all die Menschen sind, die mich so sehr verletzt haben, daß ich sie hasse und dafür schlagen möchte.« Obwohl er vielleicht etwas übertrieben hat, glaube ich, daß er im großen und ganzen verstanden hat, was diese abschließende Liste beinhalten sollte. Die Betroffenen sollten ihre Liste zum Gebet mitbringen. Sie sollte mit viel Gebet umgeben werden, damit während der Gebetssitzung ein Geist der Bereitschaft herrscht, der Führung des Heiligen Geistes Folge zu leisten.

Die Vorbereitung des Seelsorgers

Wenn der Betroffene bereit ist, sollte sich auch der Seelsorger auf diese entscheidende Zeit des Gebetes vorbereiten. Zunächst sollten Seelsorger noch einmal all ihre Notizen durchgehen – dazu gehört alles, was sie während der Seelsorgegespräche aufgeschrieben haben, sowie alle Gedanken und Eindrücke, die ihnen beim Gebet für die betroffene Person in den Sinn gekommen sind.

Außerdem sollten Sie Zeit der Andacht und im Gebet vor Gott verbringen und den Heiligen Geist bitten, Ihnen echte gefühlsmäßige und geistliche Anteilnahme für den Betroffenen zu schenken. Sie müssen mit diesen Menschen im Gebet so sehr eins werden, daß Sie sogar an ihren Schmerzen teilnehmen, ihr Leiden mitempfinden und »ihre Lasten tragen«.

Nach diesem Gebet für echte innere Anteilnahme sollten Sie dann eine innere Haltung des Glaubens an die Heilung des Betroffenen einnehmen. Glaube wurde einmal als eine Form der »geheiligten Vorstellungskraft« bezeichnet, d. h. daß wir beim Gebet unsere Vorstellungskraft gebrauchen, um uns die Menschen innerlich als geheilt und befreit von den schmerzvollen Ketten ihrer Vergangenheit vor Augen zu stellen. Wir stellen sie uns als veränderte und neue Menschen, als ganze Menschen in Christus vor.

Schließlich sollte der Seelsorger für die emotionale und geistliche Energie beten, die er in dieser Gebetszeit braucht. Als Jesus einmal eine Frau geheilt hatte, sprach er davon, daß Kraft von ihm ausging. Baron von Hügel schreibt von den »nervlichen Kosten des Gebets«. Jeder Seelsorger weiß, wie ermüdend und kräftezehrend eine schwierige Seelsorgesitzung sein kann. Aber Menschen, die zusammen mit anderen eine Heilung der Erinnerungen durchleben, benötigen noch weitaus mehr Kraft. Es ist für beide Teile eine überaus anstrengende Erfahrung. Seelsorger sollten Gott um das besondere Maß an körperlicher, emotionaler und geistlicher Kraft bitten, das sie für diese Erfahrung brauchen. Glauben Sie mir, Sie werden es nötig haben!

10. Kapitel

Das Heilungsgebet

Da die Gebetssitzung so wichtig ist, muß sie sorgfältig geplant werden. Für die Sitzung sollte ausreichend Zeit angesetzt werden, damit keinesfalls Zeitdruck entsteht. Es genügt also nicht, einfach eine Stunde in einen regulären Seelsorgerzeitplan einzuschieben. Niemand sollte gezwungen sein, auf die Uhr zu sehen. Der Pastor oder Seelsorger darf nicht nervös sein, weil eine andere Person ungeduldig auf ihren Termin wartet oder irgendein Gruppentreffen beginnt. Um diesen zeitlichen Freiraum zu haben, setze ich für die Gebetssitzung immer wieder wenigstens einen Zwei-Stunden-Block an.

Ich möchte jetzt mit Ihnen den Prozeß der Heilung der Erinnerungen Schritt für Schritt durchgehen. Ich werde die Gebetssitzung in allen Einzelheiten beschreiben, werde Anweisungen, Erklärungen und Beispiele geben und alles so schildern, als durchlebten wir wirklich eine Gebetssitzung mit einem Betroffenen, der in angemessener Weise darauf vorbereitet worden ist.

Die einleitende Erklärung

Zu Beginn sollten Sie dem Betroffenen die der Heilung der Erinnerungen zugrundeliegenden Gebetsprinzipien erklären bzw. ihn daran erinnern. Erinnern Sie ihn oder sie daran, daß Jesus Christus der Herr ist und daher auch der Herr der Zeit (siehe »Christus als gegenwärtigen Helfer akzeptieren«, Kapitel 5). Erläutern Sie, wie Jesus in der Zeit mit ihnen zurückschreiten und auf dieselbe Art auf die Situation eingehen wird, wie er es getan hätte, wenn man ihn damals darum gebeten hätte. Erklären Sie noch einmal den Grund für diese Vorgehensweise: »Die wirklichen Probleme liegen nicht bei dem Erwachsenen bzw. dem Jugendlichen, der Sie heute sind. Daher müssen wir in die Vergangenheit zurückkehren, und Jesus wird dem Kind, das Sie damals waren, an dem Punkt helfen, an dem Sie echte Heilung brauchen. Jene Verletzungen haben Sie daran gehindert, innerlich weiterzuwachsen. Soweit Ihnen das möglich ist, möchte ich, daß Sie so zu Gott sprechen, als wären Sie jetzt das Kind (bzw. der Jugendliche oder der Erwachsene), das Sie zu dem Zeitpunkt der Verletzung waren.«

Als nächstes erklären Sie:»Wir werden frei und im Gesprächsstil beten. Wir werden einfach zu Gott sprechen, ganz offen, so wie wir jetzt miteinander geredet haben. Keine verschnörkelten Sätze, keine kunstvollen Einleitungen oder Schlußsätze, reden Sie einfach mit ihm, als würde er genau hier neben uns sitzen.

Ich werde mich nicht scheuen, Ihre Gebete zu unterbrechen, wenn ich den Eindruck habe, daß Sie nicht mehr das eigentliche Ziel verfolgen — wenn Sie z. B. zu negativ werden und Gott erzählen, wie schlecht Sie sind. Vielleicht werde ich Sie auch auf einige neue Einsichten und Erkenntnisse vom Heiligen Geist hinweisen.

Sie sollten sich Ihrerseits nicht scheuen, mitten im Gebet aufzuhören, um auf Ihre Liste zu schauen, eine Frage zu stellen oder mir etwas zu sagen, woran der Heilige Geist Sie erinnert hat, woran Sie sich bis jetzt nicht entsinnen konnten.«

Wenn die Betroffenen Probleme mit verzerrten Gottesvorstellungen haben, versuchen Sie ihre bildliche Vorstellungskraft anzuregen, indem Sie ihnen helfen, sich Gott auf die Weise vorzustellen, in der er ihnen am wenigsten bedrohlich erscheint. Da sie sehr persönlich mit Gott sprechen werden, ist das von großer Bedeutung. So merkwürdig es klingt, ich frage oft Menschen, ob es ihnen leichter fällt, zu Gott zu sprechen oder zu Jesus. Meistens sagen sie in etwa:»Ich kann besser mit Jesus sprechen, ich habe Angst vor Gott.« Oder:»Mit Jesus kann ich sprechen, aber Gott kann ich nicht leiden.« Gelegentlich ist es auch umgekehrt:»Ich weiß nicht, Jesus scheint zu nah, etwas zu real. Gott scheint mir weiter weg, etwas sicherer, schätze ich.«

Hatten die Betroffenen in ihrem Leben unter kranken und verletzenden Beziehungen zu ihren Eltern gelitten, vermeiden Sie die Bezeichnung »Vater« für Gott, selbst wenn Sie Gott im Gebet gewöhnlich so anreden. Mir wird noch lange das Gebet einer Frau in Erinnerung bleiben, die ein Opfer von Inzest gewesen war.

Gegen Ende der Sitzung begann sie plötzlich, Gott als »Himmlischen Vater« anzureden. Sofort hielt sie inne, brach erneut in Schluchzen aus und sagte: »O mein Gott, du weißt, daß es das erste Mal ist, daß ich in der Lage bin, dich so zu nennen!« Manchmal ist es am besten, eine mehr oder weniger neutrale Bezeichnung, wie z. B. »Herr« zu verwenden. Ich habe herausgefunden, daß sich die Menschen am wohlsten fühlen, wenn sie sich für diese Zeit des Gebets ein Bild von Jesus vor Augen stellen.

Verdeutlichen Sie den Inhalt des Gebetes. Die Menschen sollen Gott dasselbe sagen, was sie Ihnen bereits gesagt haben, und nicht zögern, auf ihre Liste zu blicken, wenn sie es für nötig halten. Sie sollten bestrebt sein, Gott ihre Empfindungen beim erneuten Durchleben der damaligen Erfahrung mitzuteilen — d. h. die Gefühle des Kindes, des Jugendlichen oder des jungen Erwachsenen zum Zeitpunkt der Erfahrung.

Das Eröffnungsgebet des Seelsorgers

Ich leite stets das Gebet ein. Obwohl es keine fest vorgeschriebene Form gibt, hat das Gebet gewöhnlich ungefähr folgenden Wortlaut: »Herr Jesus, wir bringen unser Herz jetzt vor dir zur Ruhe... Wir wissen, daß du bei all unseren Gesprächen zugegen gewesen bist und daß du alle Dinge kennst, über die wir gesprochen haben. Wir sind dankbar, daß du uns noch besser verstehst, als wir uns selbst verstehen. Wir brauchen jetzt deine Hilfe, weil wir nicht genau wissen, wie wir beten sollen. Aber du hast uns in deinem Wort versprochen, daß du uns in solchen Fällen deinen Heiligen Geist schicken wirst, der ganz real in unser Herz kommt und in uns und durch uns betet. Und selbst wenn wir nicht genau wissen, was wir sagen sollen, wirst du unser Seufzen und Stöhnen und unsere Schmerzen wahrnehmen und sie in Gebete verwandeln. Wir bitten, daß du das gerade jetzt tust — komm in Walters/ Ernas Herz und bete für ihn/sie. Gib ihm/ihr die Worte ein, die er/ sie beten soll und erwecke die Gefühle, die er/sie erneut erleben soll.

Herr Jesus, ich möchte jetzt einen ... Jahre alten Jungen/...

Jahre altes Mädchen namens ... vor dich bringen. Er/sie möchte mit dir über einige Dinge sprechen, die ihm/ihr viel Schmerz verursacht haben. Ich weiß, daß du zuhören wirst. Deshalb bringe ich jetzt ... vor dich.«

»..., sprich jetzt mit Jesus und sage ihm, was dir am meisten am Herzen liegt.«

Das Gebet des Betroffenen

Gewöhnlich dauert es dann nicht lange, bis der Betroffene selbst zu beten beginnt. Wenn jedoch eine lange Pause eintritt, seien Sie bereit, geduldig und betenden Herzens zu warten. Wenn die Verletzungen sich auf spezielle Erlebnisse beziehen, werden die Betroffenen gewöhnlich bei einigen frühen Kindheitserfahrungen beginnen. Wenn in erster Linie die Atmosphäre und die allgemeine Umgebung entscheidend waren, beginnen sie oft mit späteren, allgemeinen Eindrücken und kommen dann erst langsam auf Einzelheiten zurück. Es liegt jedoch ganz bei den Betroffenen selbst — sie sollten stets mit dem beginnen, was ihnen in dem Moment am wichtigsten erscheint.

Es ist unmöglich, irgendwelche bestimmten Regeln oder Normen für diese Gebetszeit aufzustellen. Das ist einer der Gründe, warum viele Seelsorger Angst haben, sich auf das Gebiet der Heilung der Erinnerungen zu begeben — die Richtung, die das Gebet einschlägt, kann nicht immer kontrolliert und sein Inhalt nicht vorhergesagt werden. Offen gesagt, es kann schon etwas erschreckend sein, und Seelsorger müssen einfach »dem Heiligen Geist Raum geben« und so gut wie auf alles gefaßt sein.

Manchmal dauert es lange, bis die Betroffenen sich im Gebet wirklich öffnen. Sie sollten nicht zögern, ihr Gebet zu unterbrechen und in eine neue Richtung zu lenken, wenn Sie den Eindruck haben, daß sie zu allgemein beten und dadurch versuchen, schmerzvollen Themen aus dem Weg zu gehen. Selbst während des Gebetes sollten Sie nichts unversucht lassen, um ihnen zu helfen, die ursprünglichen Emotionen erneut zu durchleben.

Ansporn und Ermutigung sind auf jeden Fall angebracht.

Bemerkungen wie diese können dem Betroffenen helfen: »Warum sagen Sie Jesus nicht auch, was Sie empfanden, als das geschah?« Oder: »Haben Sie keine Angst, die Gefühle in sich aufsteigen zu lassen und zum Ausdruck zu bringen, wenn Sie mit Gott darüber sprechen.« Wenn es so aussieht, als seien sie verzweifelt bemüht, ihre Gefühle unter Kontrolle zu halten: »Wir sollten uns Zeit lassen — bleiben wir noch eine Weile bei dieser Erinnerung, und lassen wir unseren Gefühlen dazu freien Lauf. Ich habe den Eindruck, daß in dieser Erinnerung sehr viel verborgener Schmerz steckt.«

Beginnt der Betroffene in einem Gefühlsausbruch zu schluchzen und zu weinen, warten Sie geduldig und beten Sie still in Ihrem Herzen. In dieser Zeit teilt der Betroffene seine tiefsten Verletzungen dem Herrn mit. Diese Augenblicke sind überaus wichtig und *man sollte den Betroffenen in dieser Zeit keinesfalls drängen.* Wenn der Heilige Geist Sie mit tiefem Mitgefühl erfüllt, sollten Sie sich nicht scheuen, sich dem Gebet des Betroffenen anzuschließen. Beten Sie, *als wären Sie selbst der Betroffene und verwenden Sie dabei das teilnehmende »wir«,* z. B.: »O Herr Jesus, du weißt, wie *wir* empfanden, *wir* wünschten uns wirklich, daß ... starb.« Oder: »*Wir* schämten uns so sehr und hatten solche Schuldgefühle, daß *wir* uns umbringen wollten.« Oder: »Herr, *wir* waren so wütend auf dich, es ist wirklich wahr, daß *wir* dich haßten, daß du uns unsere Mutter weggenommen hast — sie war doch alles, was *wir* hatten.« Dieser Ansatz verleiht den Betroffenen oft den Mut, sich ihrer Bitterkeit gegen Gott oder einen Menschen, den sie eigentlich lieben sollten, zu stellen und sie offen auszusprechen.

In anderen Fällen, wenn der Betroffene im Gebet nicht weiterkommt, kann es hilfreich sein, einzelne Themen und Gefühle zu klären, indem man Fragen stellt wie z. B.: »Was ist Ihrem Empfinden nach hierbei das eigentliche Problem? Was genau hat Sie so verletzt und wütend gemacht?« Oder: »Ich habe den Eindruck, daß hier noch mehr im Spiel ist als ... Gibt Ihnen der Heilige Geist im Hinblick darauf ein Wort oder ein Gefühl ein?« Folgende Worte haben mir Betroffene als Antwort auf diese Frage u. a. gegeben: »Verlassen, völlig allein, vernichtet, vor Furcht gelähmt, der letzte

Dreck, beschämt, schmutzig, ungerecht, in der Falle, abgelehnt, wertlos, verzweifelt, hoffnungslos, ausgebrannt, verraten.« Seien Sie nicht überrascht, wenn die Betroffenen bei dem erneuten Durchleben einer Situation sich völlig in diese Zeit zurückversetzen. Ihre Stimmen werden vielleicht wieder kindlich, und sie reden und handeln so, wie es ihrem damaligen Lebensalter angemessen war. Manchmal drücken sie auch in Worten aus, was sie damals nicht sagen konnten (oder durften) wie z. B.: »Mutti/Vati, bitte verlaß mich nicht (schlag mich nicht/tu das nicht)!« Auch Fragen können plötzlich aus ihnen hervorbrechen – sie können sich an Menschen, mit denen sie damals zu tun hatten, an den Seelsorger oder auch an Gott richten wie z. B.: »Wie konnte er/sie mir das antun?«

»Warum haben sie mich adoptiert, wenn sie mich nicht wirklich wollten?«

»Wo war Gott, als all das geschah?«

»Wie konnten sie mir das antun, wo sie doch behauptet haben, mich zu lieben?«

»Wie konnte ich nur so etwas tun?«

»Wenn ich nur verstehen könnte, warum?« Diese Fragen könnten vielen verschiedenen Gründen entspringen. Sie können ein Versuch sein, die ganze Situation zu erklären und sie damit auf einer rein intellektuellen Ebene unter Kontrolle zu halten, damit man sich dem damit verbundenen Schmerz nicht stellen muß. Die Fragen können auch ein Ausdruck tief empfundener Gefühle sein – große Wut auf Gott, auf andere, auf sich selbst. Manchmal sind sie Ausdruck der Qual, daß man nicht in der Lage ist zu verstehen, wie es überhaupt zu solch schmerzvollen Erfahrungen kommen konnte.

Plötzlich auftauchende, neue Erinnerungen und Erkenntnisse

Eine der erstaunlichsten Erfahrungen, die wir in der Gebetszeit machen können, sind plötzlich auftauchende Tatsachen, an die sich der Betroffene bis dahin nicht erinnern konnte. Sie hören dann vielleicht Kommentare wie diese: »Ich kann es einfach nicht glauben, ich habe mich noch nie daran erinnert.« Oder: »Es ist erstaunlich. Bis jetzt konnte ich mich nie an irgendetwas von meinem ... Lebensjahr erinnern, und jetzt stehen mir all diese Dinge plötzlich ganz deutlich vor Augen.« Die neue Erkenntnis kann eines der wichtigsten Ergebnisse dieser Gebetszeit sein. In solchen Momenten stimuliert uns der Heilige Geist wahrhaft durch seine göttlichen Elektroden, läßt sein Licht und seine Macht in die Synapsen des Nervensystems strömen und bringt jene Erinnerungen wieder ins Bewußtsein, die in tiefe Schichten des Denkens verdrängt worden waren und dort gespeichert wurden.

Es ist nicht erstaunlich, daß der Heilige Geist in Römer 8,27 als der beschrieben wird, »der die Herzen erforscht«. Dies ist ein übernatürliches Wirken des Heiligen Geistes, des großen Seelsorgers, der es vermag, uns unser Herz (Unterbewußtsein) zu erschließen. Oft habe ich mit Betroffenen in der Seelsorgesitzung einen Pfad eingeschlagen, von dem wir annahmen, daß er uns zur Heilung einer bestimmten Not führen würde. Dann tauchten während des Gebets neue oder zusätzliche Erinnerungen auf, die uns einen unterschiedlichen Weg wiesen, der uns schließlich zur wahren Heilung führte.

Georg kam zu mir, weil er Hilfe für die üblichen Syndrome der emotionalen und geistlichen Probleme suchte, die für den Perfektionismus kennzeichnend sind. Er war überempfindlich und allzusehr auf die Meinung anderer bedacht. Stets war er wütend und wies ungeduldig auf die Fehler »sogenannter Christen« hin. Er hatte nie das Gefühl, Gott wohlgefällig zu sein und litt häufig unter schweren Depressionen. Er stimmte mit mir darin überein, daß Gott ihm auf wunderbare Weise geholfen hatte, die richtige Frau zu finden – sie war warmherzig, aufgeschlossen und verständnisvoll. Aber gerade diese Tatsache war – wie es oft bei Perfektionisten der Fall ist – Teil seines Problems. Es fiel ihm schwer, die Zuneigung seiner Frau anzunehmen, obwohl er sie wirklich liebte und sich mehr als alles auf der Welt wünschte, diese Liebe zum Ausdruck zu bringen.

In der Seelsorge hatte er mit mir über einige Vorfälle in seiner Kindheit gesprochen. Als Kind war er überaus sensibel gewesen. Er war tief verletzt worden und hatte begonnen, sich von allen

Menschen zurückzuziehen. Eine schlimme Erfahrung brach immer wieder in seinen Erinnerungen durch. Als Junge hatte er einmal in der Vorpubertät viele versteckte Pornomagazine seines Vaters gefunden. Als er sie seinen Eltern gegenüber erwähnte, wurde seine Mutter sehr wütend, während sein Vater ihn einfach auslachte. Später sprach seine Mutter allein mit ihm über diesen Vorfall. Sie kritisierte seinen Vater und hielt Georg Vorträge über das Böse an der Sexualität. Sie sagte, sie hoffe, er würde niemals »ein Mann mit so schmutziger Phantasie wie sein Vater«. Dies war eine von verschiedenen quälenden Erinnerungen, die Georg auf seiner Liste festhielt.

Im Gebet gingen wir auf diese seelischen Verletzungen seiner Kindheit ein. Er vergab seinen Spielkameraden und anderen Menschen, die ihm das Gefühl gegeben hatten, abgelehnt zu werden. Als wir begannen, über den Zwischenfall mit den Pornoheften zu beten, war er in der Lage, seinen Eltern im Hinblick auf diesen Vorfall zu vergeben und seinerseits die Vergebung für seinen langandauernden Groll gegen sie anzunehmen. Während seines Gebetes entsann er sich jedoch noch an andere Dinge. Es stellte sich heraus, daß es diese Erinnerungen waren, die sein jetziges Leben und seine Ehe beeinträchtigten. Denn er hatte die Tatsache unterdrückt, daß er beim Durchblättern dieser Magazine sexuell erregt worden war und sich deswegen sehr »schmutzig« fühlte. Der Vortrag seiner Mutter trug dazu bei, daß er diese Gefühle noch tiefer verdrängte.

So begann er, seine eigene sexuelle Entwicklung als Jugendlicher abzulehnen. Er wurde im Hinblick auf Sexualität sehr prüde und nahm eine überaus kritische, selbstgerechte Haltung anderen gegenüber ein. Plötzlich erinnerte er sich daran, wie grausam und unchristlich er eine ehemalige, schwangere Klassenkameradin behandelt hatte. Sie hatte ihn als einen christlichen Freund angesehen und verzweifelt seine Hilfe gesucht, aber er hatte sie auf sehr pharisäerhafte Weise zurückgewiesen. Er erinnerte sich noch an einige andere, ähnliche Vorfälle und begann, den wahren Ursprung und das wahre Wesen seines kritischen Perfektionismus zu verstehen. Er erkannte auch, warum er nicht in der Lage war, die Liebe und Nähe seiner Frau anzunehmen und zu genießen — er hatte an seiner falsch verstandenen, prüden moralischen Überlegenheit festgehalten und sich dem Glauben hingegeben, durch diese Gefühlskälte ein besserer Christ zu sein als sie.

Aufgrund dieser neuen Erinnerungen und Erkenntnisse waren wir dann in der Lage, für die Dinge zu beten, durch die er wirklich Schaden erlitten hatte und tiefe Heilung zu empfangen. Bei Georg war nur ein geringes Maß an Nacharbeit und Umprogrammierung erforderlich, um eine bemerkenswerte Veränderung in seinem geistlichen Leben und in seiner Ehe herbeizuführen. All das wurde erreicht, weil der Heilige Geist in unserem Gebet einige unterdrückte Erinnerungen freigelegt hatte.

Christus hilft in der Vergangenheit

Wie wir bereits festgestellt haben, ist für die Heilung der Erinnerungen folgender Vorgang kennzeichnend: wir kehren mit dem Herrn in unsere Vergangenheit zurück und bitten ihn, uns zu einem bestimmten Zeitpunkt und an einem bestimmten Ort, wo wir in Not waren, zu helfen. In den ersten beiden Kapiteln meines Buches »Befreit vom kindischen Wesen« habe ich dieses Thema allgemein behandelt und einige Beispiele dafür gegeben, wie Christus auf das »verborgene Kind in uns allen« eingeht. An diesem Punkt können Seelsorger als vorübergehende Assistenten des Heiligen Geistes großartige Arbeit leisten, denn nachdem Betroffene in solchen Gebetszeiten Gott ihre schmerzvollsten Erinnerungen mitgeteilt haben, können wir als Seelsorger in unserer vermittelnden Funktion überaus hilfreich sein. Wir sollten unsere Gebete an Jesus richten und ihn um sein direktes Eingreifen und seine heilende Gegenwart bitten. In dem Glauben, daß Jesus in den Erinnerungen, die wir erneut durchleben, gegenwärtig ist, bitten wir ihn, auf die bestimmte, damalige Not des Betroffenen einzugehen.

Nehmen wir z. B. an, daß ein Betroffener Gott gerade von einigen besonders schmerzlichen Erfahrungen der Ablehnung berichtet hat. Bei einem bestimmten Vorfall wurde er tief gedemütigt und blieb mit dem Gefühl zurück, dumm und minderwertig zu sein und nicht geliebt zu werden. Der Betroffene wird von seinen Gefühlen überwältigt, hört auf zu beten und beginnt zu weinen.

Jetzt ist für den Seelsorger der richtige Zeitpunkt gekommen zu beten, wobei er das Bild von Jesus gebraucht, wie dieser die kleinen Kinder segnet: »Herr Jesus, du nahmst die kleinen Kinder auf deine Arme. Tu das doch jetzt bitte auch mit ..., einem deiner Kinder, das sehr großen Schmerz empfindet. Laß ... auf deinem Schoß sitzen und umarme ihn/sie. Sage ..., wie sehr du ihn/sie liebst und wie leid es dir tut, daß er/sie solche Schmerzen erleidet. Laß ihn/sie fühlen, daß er/sie dir viel bedeutet und wie zufrieden du mit ihm/ihr bist.« Ein anderes schönes biblisches Bild von Jesus, das bei solchen Gelegenheiten überaus hilfreich sein kann, ist das des guten Hirten. Sie könnten beten: »Herr Jesus, du bist der gute Hirte. Du hast versprochen, die kleinen Lämmer auf deinen Armen zu tragen und sie mit deinem Schutz und deiner Liebe zu umgeben. Bitte tu das gerade jetzt. Laß ... spüren, daß du deine Arme um ihn/sie legst und ihn/sie warm und sicher hältst. So wie ein guter Hirte die Wunden und Verletzungen seiner Lämmer reinigt und verbindet, wasche auch seine/ihre Wunden, und gieße dein heilendes Salböl darauf.«

Entscheidend ist bei dem Gebrauch dieser geistigen Bilder, daß ein besonderer Charakterzug Christi mit der spezifischen Not des Betroffenen zu dem damaligen Zeitpunkt gedanklich verknüpft wird. Leidet er unter Gefühlen der Ablehnung, so stellen wir uns den Einen vor Augen, der weiß, was es bedeutet, von Menschen »verachtet und abgelehnt« zu sein, und der stets bestrebt war, den Nöten der Menschen zu begegnen. Sind die Betroffenen von den Schrecken der Einsamkeit, vom Gefühl der Verlassenheit überwältigt worden, malen wir uns den Christus vor Augen, der uns versteht, da er von all seinen Jüngern verlassen worden war. Er mußte sogar erfahren, wie es ist, wenn man nicht in der Lage ist, Gottes Gegenwart zu empfinden, als er ausrief: »Mein Gott, mein Gott, warum hast du mich verlassen?« Wir sehen, daß Christus dieses Gefühl der Einsamkeit sehr gut versteht, denn er hat uns ausdrücklich versprochen, uns niemals allein oder verwaist zurückzulassen.

Wenn Menschen mit den verworrenen Emotionen zu kämpfen haben, die durch Erinnerungen an sexuellen Mißbrauch oder

145

durch die Schuld- und Schamgefühle sexueller Sünden hervorgerufen werden, stellen wir uns Jesus in all seiner Reinheit vor Augen. Er ist rein aber nicht prüde, er hat nie gesündigt, aber er richtet nicht. Bei schmerzhaften Kindheitserinnerungen bitten wir Christus um seine zärtliche und reine Umarmung, seine sanfte Stimme, die das Gefühl der Reinheit wiederherstellt. Für Erfahrungen, für die die einzelnen selbst verantwortlich sind, bitten wir, daß er seinen Arm um ihre Schultern legt und sie seine Worte der Vergebung hören läßt, in denen keine Spur von Verdammnis ist. Wir knien eine Zeitlang vor dem Kreuz und empfangen die Waschung und Reinigung, durch die das Gefühl der Reinheit und der Selbstachtung wiederhergestellt wird.

Bei Menschen, die mit verworrenen Erinnerungen an überfordernde Eltern, Lehrer und kritische Christen zu kämpfen haben, sollten wir in unseren Gebeten Jesus vor uns sehen, wie er sie aus ihrer kriecherischen Haltung emporhebt, bis sie gerade und hochaufgerichtet vor ihm stehen. Dann hören wir, wie er zu ihnen sagt: »..., du bist mein geliebter Sohn/meine geliebte Tochter, an dem/an der ich Wohlgefallen habe!«

Wir haben bis jetzt nur die Oberfläche der vielfältigen Anwendungsmöglichkeiten des Prinzips der bildlichen Vorstellung berührt — im visuellen Vorstellungsbereich stellen wir den Bildern spezifischer Verletzungen Bilder seines heilenden Wirkens entgegen, die auf den biblischen Berichten über seinen tatsächlichen Dienst beruhen.

Vergebung — das Herzstück der Heilung

Wir kommen jetzt zu dem Thema der Vergebung, dem zentralen Punkt der Heilung der Erinnerungen — *Vergebung, die wir anderen gewähren, und Vergebung, die wir von Gott empfangen.* Ich kann die Bedeutung dieses Themas für den Heilungsprozeß gar nicht genug herausstellen. An diesem Punkt finden die größten Gebetskämpfe statt, und Seelsorgern wird die meiste geistliche Energie abverlangt. An diesem Punkt ist für Seelsorger auch die Versuchung am größten, einfach aufzugeben. Aus genau diesem

Grund ist dies der entscheidende Punkt, an dem sich der Kampf entscheidet. Lassen Sie uns das genauer betrachten.

Vergebung ist im Hinblick auf das Thema der Beziehungen in der Bibel zweifellos der Dreh- und Angelpunkt. Das trifft auf all unsere Beziehungen zu — Beziehungen zu Gott, zu anderen und zu uns selbst. Wir sprechen oft davon, daß die Gnade und die Errettung nicht an Bedingungen geknüpft sind. Das ist insofern richtig, als es keine *Leistungsanforderungen* gibt, die wir Menschen erfüllen können. Es gibt nichts, das wir tun können, um Gottes Gnade zu verdienen oder zu erarbeiten. Sie wird uns als die Gabe seiner Liebe geschenkt. In anderer Hinsicht ist Vergebung jedoch an unsere Reaktion gebunden. Sie ist dennoch nicht an Bedingungen geknüpft, denn die Fähigkeit zu dieser Reaktion hängt ebenfalls von seiner Gnade ab. Ohne die Voraussetzung dieser Gnade wären wir nicht in der Lage, sein Angebot anzunehmen oder abzulehnen. Aber Gott hat uns so geschaffen, daß es für uns entscheidend ist, auf sein Geschenk der Gnade unsererseits so zu reagieren, daß wir anderen vergeben.

Es scheint, als habe er es so eingerichtet, daß wir es ihm unmöglich machen, uns zu vergeben, wenn wir nicht wahrhaft anderen vergeben. Nicht unmöglich in dem Sinne, daß er sein Angebot der Vergebung zurückhält, bis wir unsererseits vergeben; nein, denn wie Paulus in 2. Korinther 5,18-19 feststellt, hat Gott uns in einer Hinsicht unsere Sünden durch Christi Tod am Kreuz bereits vergeben und bietet uns seine Vergebung umsonst an.

Es ist vielmehr unmöglich, weil er uns psychologisch so ausgestattet hat, daß wir nicht in der Lage sind, seine Vergebung *zu empfangen*, wenn wir nicht unsererseits vergeben. Das kommt im ganzen Neuen Testament klar zum Ausdruck, und unser Herr hat diese eine Bedingung immer wieder betont. In dem Gebet, das er uns in Matthäus 6,12 zum Vorbild gab, sagte er: »Und vergib uns unsere Schulden, wie auch wir vergeben unsern Schuldnern.« Und in seiner Erklärung zu diesem Gebet sagte er: »Denn wenn ihr den Menschen ihre Fehler vergebet, so wird euer himmlischer Vater euch auch vergeben. Wenn ihr aber den Menschen ihre Fehler nicht vergebet, so wird euch euer Vater eure Fehler auch nicht vergeben« (Matth. 6,14-15).

In Matthäus 18,23-35 finden wir sein Gleichnis vom Knecht, der nicht vergeben wollte. Das führte dazu, daß der wütende Herr den Schuldigen den Gerichtsdienern zur Bestrafung übergab. Jesus übertrug diese Geschichte folgendermaßen auf alle Menschen: »Also wird auch mein himmlischer Vater mit euch verfahren, wenn ihr nicht ein jeder seinem Bruder von Herzen die Fehler vergebet« (Matth. 18,35). In Markus 11,25 stellte Jesus wiederum eine Bedingung auf, als er sagte: »Und wenn ihr steht und betet, so vergebet, wenn ihr etwas wider jemand habt, damit auch euer Vater im Himmel euch eure Fehler vergebe.«

Es steht fest, daß Gott allen zwischenmenschlichen Beziehungen dieses überaus wichtige Prinzip zugrunde gelegt hat. Es beruht auf dem Wesen und Charakter Gottes, und da wir nach seinem Bilde geschaffen sind, ist es auch ein Teil von uns. Hier begegnen wir also einem grundlegenden, biblischen und psychologischen Prinzip. Jede Erfahrung der Heilung der Erinnerungen, an der ich Anteil haben durfte, bestätigt dies. Wenn wir Vergebung erlangen wollen, ohne selbst anderen zu vergeben, bitten wir Gott, gegen seine eigene moralische Natur zu handeln. *Das kann und will er nicht tun.*

Da das Thema der Vergebung von so zentraler Bedeutung ist, habe ich stets betont, wie wichtig es ist, im Hinblick auf Gefühle ehrlich zu sein. Denn anzuerkennen, daß man Gefühle des Grolls und des Hasses hegt, ist der erste Schritt auf dem Weg zur Vergebung. Wenn Menschen schwere seelische Verletzungen erleiden, führt das gewöhnlich dazu, daß sie die Menschen, die ihnen diese Verletzungen zugefügt haben, hassen. *Wenn sie dann die Erinnerungen an diese Verletzungen in sich begraben, verdrängen sie auch die Haßgefühle.* Aber unsere Persönlichkeit ist von Gott so angelegt, daß ein solches Vorgehen früher oder später scheitern muß. Wir können nicht über einen längeren Zeitraum verborgenen Groll in uns tragen und verarbeiten, ebensowenig wie unser Magen Glasscherben aufnehmen und verdauen kann. In beiden Fällen werden wir ein großes Maß an innerer Qual und Schmerz empfinden. In beiden Fällen sind schwierige Operationen notwendig. Die Heilung der Erinnerungen ist eine Form der geistlichen Chirurgie und Therapie.

Meine persönliche Erfahrung der inneren Heilung

Um niemanden zu verletzen, mußte ich warten, bis meine beiden Eltern verstorben waren, bevor ich die Einzelheiten meiner eigenen Heilung weitergeben konnte. Ich wurde in Indien als Sohn von methodistischen Missionaren geboren, die in diesem Land vierzig Jahre lang Dienst taten. Meine Mutter starb im Jahre 1981. Nach seiner Pensionierung unternahm mein Vater zwölf missionarische »Dienstreisen« nach Indien. Auf seiner letzten Reise im Jahre 1984 wurde er krank und starb im Alter von 92 Jahren. Er wurde in seinem geliebten Indien begraben. Ich werde niemals die letzte Woche, die wir gemeinsam verbringen durften, vergessen. Ich war zu ihm geflogen, um im Krankenhaus an seinem Bett zu sitzen und noch ein letztes Mal mit ihm zu sprechen. Ich kann gar nicht sagen, wieviel ich ihm verdanke. Sein geheiligtes Leben als mein irdischer Vater erleichterte es mir zweifellos, an meinen himmlischen Vater zu glauben.

Bei Mutter und mir lag der Fall anders. Wir waren beide nervöse, reizbare Persönlichkeiten, und es fiel uns von Anfang an schwer, miteinander auszukommen. Im Hinblick auf die inneren Kämpfe meiner Kindheit hatte ich zwiespältige Gefühle ihr gegenüber, Gefühle, die ich niemals jemand anderem mitteilen oder zum Ausdruck bringen konnte. Wir kamen in die Vereinigten Staaten, als ich elf Jahre alt war, und ein Jahr später kehrten meine Eltern nach Indien zurück und überließen mich und meinen Bruder der Fürsorge einer liebenden Großmutter. Meine Mutter war jetzt weit entfernt, und daher stellte sich für mich das Problem, mit ihr auszukommen, nicht mehr. Eine Bekehrungserfahrung in meinen frühen Teenagerjahren brachte viele Veränderungen in meinem Leben mit sich. Ich hatte das Gefühl, meinen Groll überwunden zu haben. Durch mein neues Leben in Christus hatte ich ihr gegenüber eine viel bessere Einstellung.

Ich hatte stets unter Asthma gelitten. In meinen Teenagerjahren verschlimmerte es sich ständig, und in meinem ersten Jahr am Asbury College wurde es so ernst, daß ich nicht in der Lage war, an den Frühjahrsprüfungen teilzunehmen. Trotz der vielen Gebete für mich hörte das Asthma nicht auf, und ich akzeptierte es als ein Gebrechen, mit dem ich lernen mußte zu leben. Ich war inzwischen ein hingebungsvoller, geistlich wachsender Christ geworden, und in meinen Collegetagen erlebte ich eine tiefe Erfahrung mit dem Heiligen Geist, die mein Leben prägte. Ich empfand auch stark einen Ruf in die Mission. Gott führte mich mit einer wundervollen Klassenkameradin aus dem College zusammen, die meine Ehefrau wurde. Mit ihr zusammen brach ich vier Jahre nach zwei bestandenen Examen und mit einem Kind nach Indien als Missionar auf.

In den ersten zehn Jahren machte unsere Arbeit gute Fortschritte. Eines Tages, ich war 31 Jahre alt, las ich in meiner Andachtszeit ein Buch von Glenn Clark. Der Heilige Geist lenkte meine Aufmerksamkeit mit Macht auf einen Satz aus diesem Buch. Darin hieß es, daß einige Formen des Asthmas durch Groll gegen die Eltern hervorgerufen werden können. Ich hielt inne. Könnte das möglich sein? In der nächsten Stunde legte der Heilige Geist eine neue Schicht meines Denkens frei, und ich begann, mich an einige tiefverborgene Gefühle des Grolls gegen meine Mutter zu erinnern. Es waren Einzelheiten, die ich nicht überwunden hatte. Jahrelang hatte ich mich nicht einmal an sie erinnert. Der Heilige Geist zeigte mir auch, daß ich mich einigen meiner wahren Gefühle Gott gegenüber nicht gestellt hatte. Um dies zu verstehen, muß man wissen, daß ich seit Beginn des Zweiten Weltkriegs von meinen Eltern getrennt gewesen war, weil sie Indien nicht verlassen konnten. Sie hatten mich im Alter von zwölf Jahren zurückgelassen, und ich sah sie erst am Morgen meines zwanzigsten Geburtstages wieder. Eigentlich war es ja Gott gewesen, der sie dazu berufen hatte, Missionare zu werden. Oh, ich hatte das alles geistlich ummäntelt und mich mit stolz geschwellter Brust im Scheinwerferlicht der Bewunderung gesonnt, wenn Menschen zu mir sagten: »Ist das nicht wunderbar: Deine Eltern sind Missionare!« Aber tief in meinem Herzen war ich wütend über diese einsamen Teenagerjahre. Alle meine Freunde hatten ihre Eltern, mit denen sie in ihren Ferien schöne Dinge unternehmen konnten.

In den nächsten Tagen sprach ich mit Helen über einige dieser Gedanken, und wir beteten darüber. Ich vergab und empfing Vergebung und erfuhr solch eine tiefe Reinigung und Heilung von meinem Groll, wie ich sie niemals vorher gekannt hatte. Aber dann kam das Wunderbarste. Wie gnädig Gott ist! Inmitten all dieser Kämpfe hatten wir mein Asthma ganz vergessen, aber Gott hatte es nicht vergessen. Er schenkte mir etwas, worum zu bitten mir niemals in den Sinn gekommen wäre. Können Sie es glauben? Ich habe seit damals niemals mehr auch nur das kleinste Anzeichen von Asthma gehabt!

Ich zögere immer, diese Geschichte zu erzählen, aus Furcht, einige könnten in bezug auf ihre eigenen körperlichen Gebrechen voreilige Schlüsse ziehen. Ich kann aus meiner speziellen Erfahrung keine allgemeine Regel ableiten. Ich kann ihnen nur meine eigenen Erfahrungen mitteilen und darauf vertrauen, daß der Heilige Geist Sie in die Wahrheit führt und Ihnen zeigt, was er für Sie bereithält. Ich teile meine persönliche Erfahrung in erster Linie mit, um zu betonen, welch zentraler Stellenwert die Vergebung — die wir anderen gewähren und die wir selbst empfangen — bei der Heilung der Erinnerungen einnimmt.

Wichtige Schritte zur Vergebung

Zur damaligen Zeit des Gebetes und des inneren Kampfes behandelte der Heilige Geist verschiedene Aspekte der Schwierigkeiten, die ich mit Groll und Vergebung hatte.

● Zunächst mußte ich einige sehr spezifische Verletzungen erkennen und gewillt sein, alle Gefühle des Grolls aufzugeben. Hielt ich vielleicht noch an einem geheimen Verlangen fest, es ihr irgendwie heimzuzahlen? Zunächst dachte ich bei mir: »Selbstverständlich nicht!« Denn inzwischen hatte ich durch Verwandte von einigen tragischen Lebensumständen meiner Mutter erfahren — ein alkoholkranker Vater, der einige Jahre im Gefängnis saß und einige andere schmerzliche Kindheitstraumata. Ich konnte die Ursachen vieler ihrer neurotischen Probleme erklären, aber *erklären heißt nicht notwendigerweise vergeben*. Wir können im Hinblick auf die Menschen, die uns verletzt haben, alle möglichen ausgefallenen, psychologischen Erklärungsmuster anwenden und uns trotzdem nicht der Tatsache stellen, daß wir einen verborgenen Groll gegen sie in uns tragen.

Schließlich erkannte ich das wirkliche Problem. Natürlich verstand ich die Probleme ihrer familiären Situation und wollte ihr daher vergeben; aber zunächst: *»Laß mich ihr nur ein einziges Mal sagen, wie sehr und wodurch sie mich verletzt hat. Ich will nur, daß sie weiß, was sie in mir angerichtet hat — das ist alles.«* Das ist eine sehr raffinierte Form des Grolls — es ist lediglich der Wunsch, es dem anderen heimzuzahlen. Der Heilige Geist bat mich, dies an ihn abzugeben.

Einige Seelsorger glauben und lehren, daß keine wahre Vergebung zustande kommen kann, wenn wir nicht *in jedem Fall* sofort zu der betreffenden Person hingehen, ihr unsere negativen Gefühle eingestehen und versuchen, eine sofortige Versöhnung herbeizuführen. Ich halte dies für eine sehr gefährliche Lehre und habe erlebt, wie daraus sehr viel Schaden entstanden ist. Wir sollten es Gott und seinem eigenen, vollkommenen Zeitplan überlassen, wann solch ein Vorgehen angebracht ist, *wenn es überhaupt jemals dazu kommen sollte.* Bei einigen Menschen ist das vielleicht niemals der Fall. Gott fordert uns auf, ihm unsere völlige Bereitschaft zur Versöhnung entgegenzubringen, aber den Zeitpunkt dafür müssen wir ihm überlassen. Mein erster Kampf bestand darin, vollständig und bedingungslos zu vergeben.

● Dann machte mir der Heilige Geist noch einen weiteren Aspekt bewußt. Von dem Zeitpunkt an übernahm ich stets die volle Verantwortung dafür, wer ich war und was ich tat. Bis dahin stand mir eine bequeme, sehr praktische Entschuldigung für all mein Versagen zur Verfügung. Das war ein so automatisch ablaufender Vorgang wie bei den Türen, die sich in einem Supermarkt automatisch öffnen und schließen. Immer wenn ich in irgendeiner Form versagte — in meinem Dienst, in meiner Ehe oder in meinem geistlichen Leben —, setzte dieser automatische Entschuldigungsmechanismus in meinem Denken ein, und ein Schild leuchtete auf: »Du hast versagt, weil du so eine Mutter hattest. Wenn sie dir das nur nicht angetan hätte, wärest du nicht so. Es ist ihre Schuld, nicht deine!« Wunderbar, was für eine tröstliche Einrichtung! Sehen Sie, dadurch war garantiert, daß ich (d. h. das wahre Ich) niemals wirklich versagte. Aufgrund dieses eingebauten Mechanismus war ich in der Lage, mein perfektionistisches, unrealistisches Super-Ich unangetastet zu lassen. Was würde mit mir geschehen, wenn ich es aufgab? Der Heilige Geist ließ nicht locker: »Denk daran, wenn du ihr wirklich vergibst, funktioniert dieser Mechanismus nicht mehr. Von da an *bist du allein verantwortlich.*« Ganz offen gesagt fiel mir dies schwerer als der erste Punkt.

• Dann tauchte noch ein dritter Punkt auf, der mir am meisten Schwierigkeiten bereitete. Tief in einer Kammer meines Herzens verbarg ich ein geheimes Tauschobjekt, ein moralisches Druckmittel gegen Gott. Wenn ich ihr wirklich vergab und aufhörte, sie für alles verantwortlich zu machen und sie innerlich freisprach, würde Gott bestimmt dafür sorgen, daß sie mir irgendwann in der Zukunft die zärtliche Liebe und Bestätigung geben würde, die ich niemals von ihr erhalten hatte. Aber mir stand eine Überraschung bevor! Die Stimme des Heiligen Geistes war in meinem Inneren sanft, aber bestimmt: »Kannst du den Gedanken an diese Möglichkeit aufgeben? Was ist, wenn du solch eine Liebe niemals von ihr erhalten wirst? Was ist, wenn sie niemals in der Lage sein wird, dir diese Art von Liebe zu schenken? Bist du bereit, sie so anzunehmen und zu lieben wie sie ist, selbst wenn sich ihr Verhalten nicht in bemerkenswerter Weise verändert?« Für mich war es sehr schmerzvoll, diese Gedanken aufzugeben. Beinahe schien es, als erwarte der Herr diesmal von mir zuviel.

Später, als ich ähnliche Kämpfe bei den Menschen in der Seelsorge beobachtete, verstand ich, was wirklich auf dem Spiel stand. *Ich versuchte im Grunde genommen, meine Vergebung und Liebe für die Garantie einer dafür einzulösenden Leistung einzutauschen.* Aber ebenso wie Gott uns bedingungslose Vergebung anbietet, müssen wir sie auch anderen entgegenbringen. Die großen Worte des Paulus aus Epheser 4,32 halfen mir dabei am meisten: »Seid aber gegeneinander freundlich, barmherzig, vergebet einander, gleichwie auch Gott in Christus euch vergeben hat.« Schließlich fand ich unter dem Kreuz die Gnade, alle Ansprüche an die Zukunft aufzugeben — denn auch sie waren ein Festhalten am Groll. Ich sollte meine Vergebung ebenso gewähren, wie ich sie für mich selbst erstrebte — umsonst und ohne Einschränkung.

• Lassen Sie mich noch eine vierte Tatsache hinzufügen, die ich später während meiner Umdenkungsphase lernte: Vergebung ist wie die meisten Dinge in unserem geistlichen Wachstum sowohl eine Krise als auch ein Prozeß. Die wenigen Tage in Indien waren der kritische Punkt, wo ich durch einen Willensakt dem Heiligen Geist gehorchte und vergab. Aber es gab danach noch viele, viele andere Momente, in denen ich so empfand wie früher oder mir ein neuer Punkt der »Schlägerliste« in den Sinn kam und uralte Gefühle wieder zum Leben erweckt wurden. Zu dem Zeitpunkt der Krise des Vergebens verpflichten wir uns in Wahrheit zu der Bereitschaft, den Prozeß, wann immer es nötig ist, fortzusetzen.

Ich entdeckte, daß der Groll ebenso beschaffen ist wie alle anderen menschlichen Gefühle — sie sind unberechenbar und können uns manchmal gerade dann treffen, wenn wir es am wenigsten erwarten.

In dieser Hinsicht ähneln die Gefühle des Grolls den Gefühlen des Kummers. Ich habe bereits erwähnt, daß unser erster Sohn in Indien starb. Zehn Jahre später nahm ich an, daß alle Gefühle des Kummers verschwunden waren. Aber einmal — ich war im Urlaub auf einer Reise mit einem Missionskomitee — betrat ich die Küche im Haus eines Predigers. Seine Frau stand da und hielt einen kleinen blonden Jungen auf dem Arm, der unserem sehr ähnlich sah. Ganz unvermittelt begann ich zu weinen! Wir waren uns noch nie zuvor begegnet, und die arme Predigerfrau wußte gar nicht, was sie nur getan haben konnte, um solch eine Reaktion hervorzurufen. Es war mir sehr peinlich, und ich mußte mein merkwürdiges Verhalten erklären. Wie aus dem Hinterhalt war ich von meinen Gefühlen getroffen worden, von denen ich gar nicht wußte, daß sie immer noch existierten. Auch der Groll kann auf ähnliche Weise im Hinterhalt auf uns lauern.

Vergebung muß oft erneut vollzogen werden. Wenn wir mit altem Groll zu kämpfen haben, ist es besser, Gott gegenüber ehrlich zu sein und ihm ganz offen zu sagen, wenn wir nicht in der Lage sind, uns seinem Willen hinzugeben und es uns unmöglich ist, unsere Gefühle zu ändern. Offen gesagt bin ich nicht sicher, ob wir unsere Gefühle überhaupt jemals ändern können. Was wir tun können, ist, dies Gott gegenüber einzugestehen und ihm unsere

Einwilligung zu geben, daß er sie ändert.

Unsere Gebete in diesem Zusammenhang sollten ungefähr so lauten:»Herr, ich bedaure meine Gefühle des Grolls und des Hasses, aber ich bin anscheinend nicht in der Lage, sie zu ändern. Daher lasse ich es zu, daß du sie änderst. Ich möchte keinen Groll mehr hegen. Wenn die Gefühle zurückkehren, werde ich sie dir sofort übergeben. Ich möchte diese Gefühle in Zukunft nicht mehr haben. Wenn du mir für die Menschen, die mich verletzt haben, neue Empfindungen schenkst, so werde ich sie annehmen. So vergebe ich jetzt vollständig und bitte dich, meine Gefühle zu ändern.« Wenn wir dies tun und auch in Zukunft entschlossen sind, nicht länger Groll zu hegen, werden wir überrascht sein, wie schnell Gott unsere Gefühle ändern kann. Wir sollten dies auch den Menschen, die zu uns in die Seelsorge kommen, erklären, damit Satan sie nicht anklagen, verdammen und ihnen ihre Niederlage einreden kann, wenn alte Gefühle sie aus dem Hinterhalt treffen.

Ich möchte noch einmal unterstreichen, wie wichtig es ist, die Betroffenen dahin zu bringen, daß sie wirklich beten können:»Herr Jesus, durch deine Gnade vergebe ich. Ich gebe mein Verlangen nach Rache — in welcher From auch immer — auf. Ich lege es vollständig in deine Hand.« Der Kampf, der an diesem Punkt stattfindet, sollte nicht unterschätzt werden. Betroffene können voller Bitterkeit sagen:»Aber ich kann einfach nicht vergeben. Ich bin zu sehr verletzt worden.« Vielleicht sollten Sie eine Sache dann noch einmal tiefer und eingehender durchsprechen, aber Sie sollten so bald wie möglich ins Gebet zurückkehren. Hier kämpfen Sie wirklich mit Mächten und Gewalten. Nur der Heilige Geist kann den Kampf gewinnen. Daher halten Sie an am Gebet, bis die Gnade zur Vergebung geschenkt wird.

Bei einigen Betroffenen liegt die Schwierigkeit darin, daß sie den Haß zu einem Teil ihrer Persönlichkeit haben werden lassen. Sie haben ihr ganzes Leben um diese Haßgefühle herum aufgebaut, und es fällt ihnen schwer, sie jetzt aufzugeben. Ich kann mich an eine junge Studentin erinnern, die mir in aller Ausführlichkeit all die Verletzungen beschrieb, die ihr von einem Elternteil zugefügt worden waren. Sie hatte wahrhaftig viel Grund zum Groll und gab sich diesen Gefühlen auch völlig hin. Nachdem wir lange über diesen Dingen gebetet hatten, sprang sie plötzlich von ihrem Stuhl auf und schrie laut: »Aber ich kann meinen Haß nicht aufgeben, ich kann ihn nicht aufgeben, *er ist alles, was ich habe!*« Obwohl wir noch lange miteinander sprachen und beteten, hielt sie an ihrem Haß fest. Nach ihrem Abgang vom College verlor ich sie aus den Augen. Ungefähr fünfzehn Jahre später predigte ich in einer entfernten Stadt. Nach dem Gottesdienst kam eine Frau nach vorne und fragte mich, ob ich mich noch an sie und an die Seelsorgesitzung erinnerte, in der wir zusammen dafür gebetet hatten, daß sie ihren Haß aufgeben möge. Ich sagte ihr, daß ich sie niemals vergessen und mich oft gefragt hatte, wie es ihr wohl ergangen sei. Sie antwortete voller Traurigkeit: »Ich kann Ihnen jetzt sagen, Sie hatten recht. Nach zwei Scheidungen und einem Nervenzusammenbruch fange ich langsam an zu begreifen, daß ich meinen Haß hätte aufgeben sollen.«

Sich selbst vergeben

In manchen Fällen besteht der größte Kampf nicht darin, denen zu vergeben, die uns verletzt haben oder Gottes Vergebung für unsere Haßgefühle zu empfangen, sondern in dem Versuch, *uns selbst zu vergeben.* Dies ist ein weiterer Punkt, an dem wir »beten und nicht nachlassen« müssen. Auch an dieser Stelle muß der Seelsorger betonen, wie wichtig die Bereitschaft ist, sich selbst zu vergeben und dies auch in Zukunft zu praktizieren.

In diesem Zusammenhang sollte sehr direkt und präzise gebetet werden. Scheuen Sie sich nicht, den Betroffenen zu fragen: »Möchten Sie Gott gerade jetzt bitten, Ihnen Gnade zu schenken, sich selbst zu vergeben? Möchten Sie, daß er Ihnen hilft, Ihr eigenartiges Verlangen aufzugeben, höhere Ansprüche an sich selbst zu stellen als Gott es tut? Möchten Sie Ihr Recht auf Selbstverdammung aufgeben? Möchten Sie Gott um die Gnade bitten, sich nie wieder an Dinge zu erinnern, von denen er sagt, daß er sich nicht an sie erinnert?«

Wenn ein Betroffener anscheinend nicht in der Lage ist, dies zu tun, glaube ich, daß der Seelsorger die Autorität gebrauchen sollte, die Christus uns verliehen hat und von der in Matthäus 18,18-20 die Rede ist. Wir Protestanten haben uns gegen den römisch-katholischen Mißbrauch der Beichte und der Erteilung der Absolution durch Priester gewandt. Damit haben wir aber gleichzeitig eines der größten Privilegien unserer Priesterschaft aufgegeben — als vorübergehende Assistenten des Heiligen Geistes zu wirken, als seine Instrumente, mit deren Hilfe er Vergebung gewähren will.

Es gibt bestimmte Menschen und bestimmte Sünden, bei denen es nötig ist, daß ein Mensch ein Gefühl der Vergebung direkt vermittelt. Hierbei stehen uns zwei Gnadenmittel zur Verfügung: das *Heilige Abendmahl* und die *Handauflegung.* Ich setze sie oft bei Menschen ein, die Schwierigkeiten haben, Vergebung zu empfangen oder sich selbst zu vergeben. Zu diesem Zweck halte ich das geheiligte Abendmahl stets bereit. Ich habe erlebt, wie vergebende Gnade auf wunderbare Weise zum Durchbruch kam, als Menschen das Heilige Abendmahl einnahmen. Nur mit der ausdrücklichen Einwilligung des Betroffenen lege ich ihm die Hände auf. Im Gebet beanspruche ich die Autorität, die uns von Jesus selbst verliehen wurde: »Wahrlich, ich sage euch, was ihr auf Erden binden werdet, das wird im Himmel gebunden sein, und was ihr auf Erden lösen werdet, das wird im Himmel gelöst sein« (Matth. 18,18). Nachdem ich sie gebeten habe, mit mir im Gebet eins zu werden (Vers 19), schließe ich mit den Worten: »...und daher, (Name), sei geheilt!« Oder: »Dir sei vergeben.« Oder: »Dir ist vergeben im Namen des Vaters, des Sohnes und des Heiligen Geistes.« Wenn es angebracht erscheint, beende ich oft die gesamte Sitzung mit Gebeten der Danksagung für die Heilung, die Gott geschenkt hat. Wenn möglich, sollten sich die Betroffenen diesem Gebet anschließen.

Abschließende Bemerkungen und Termin einer Folgesitzung

Bevor Sie den Betroffenen nach dem Gebet nach Hause gehen lassen, sollten Sie noch zwei Dinge tun. Setzen Sie eine Folgesitzung fest, die spätestens ein oder zwei Wochen später stattfinden sollte. Wir werden dies noch in unserem letzten Kapitel erörtern. Dann — und ich bin auch erst aus Schaden klug geworden — sollten Sie ihm noch einige Worte der Warnung mit auf den Weg geben.

Dies war eine gefühlsmäßig kräftezehrende Erfahrung. Es ist, als hätte man ein hochkalibriges Gewehr abgefeuert, und man muß daher mit einem emotionalen Rückstoß rechnen. Manchmal mußte der Betroffene auch etwas aufgeben, und er kann daher unter Entzugserscheinungen leiden. Diese können sogar körperlich zum Ausdruck kommen — schwere Kopfschmerzen, Übelkeit und Erbrechen, Durchfall oder starke Ermüdungserscheinungen. Es ist möglich, daß bei einer Frau die Periode zu früh einsetzt. Wenn die Erschöpfung zu groß ist, sorgen Sie dafür, daß der Betroffene nach Hause gefahren wird. Vielleicht tritt keines dieser Symptome auf, aber es ist besser, daß er auf diese Möglichkeit gefaßt ist — man sollte stets für alles gewappnet sein.

Weisen Sie nachdrücklich darauf hin, daß die negativen Gefühle der Betroffenen oft unberechenbar sind und ihnen vielleicht einige Tage oder Wochen lang das Leben schwer machen können. Schlagen Sie vor, daß sie etwas Geduld haben, bis diese Gefühle sich legen und beständigere und positive Gefühle an ihre Stelle treten. Schlagen Sie auch vor, daß sie sich nicht weiter mit den Dingen, über denen gebetet wurde, beschäftigen, sondern daß sie einfach zulassen, daß der Heilige Geist sie tief in ihrem Innern heilt. Erinnern Sie sie daran, daß die Heilung der Erinnerungen nicht zur Folge hat, daß sie sich nicht mehr an bestimmte Vorfälle erinnern, sondern nur, daß diesen Erinnerungen der Stachel und der Schmerz genommen wurde, so daß sie nicht länger eine zwanghafte Macht auf ihr Leben ausüben können. Sie werden jetzt in der Lage sein, Neues zu lernen und umzudenken. Schon in der nächsten Sitzung können sie damit beginnen, gemeinsam mit dem Seelsorger daran zu arbeiten.

11. Kapitel

Heilung von Erinnerungen an
sexuelle Traumata

Der berühmte Soziologe Vance Packard bezeichnete unsere gegenwärtige moralische Atmosphäre als »sexuelle Wildnis«. Als ihn jemand fragte, warum er nicht den Ausdruck »sexuelle Revolution« gebrauche, antwortete er, in einer Revolution verfolgten Menschen zumindest bestimmte Ziele und wüßten, was sie ansteuern, während wir heutzutage ziellos in einer Wildnis umherirren und nicht wissen, wohin wir gehen. Jeder Pastor und christliche Seelsorger könnte die Richtigkeit dieser Beschreibung bestätigen. Im März 1983 stellte der bedeutende Psychiater Karl Menninger fest, daß in den Vereinigten Staaten Inzest beinahe so alltäglich sei wie Ladendiebstahl. In den Statistiken ist ein starker Anstieg des sexuellen Mißbrauchs von Kindern und Jugendlichen, der vorehelichen Schwangerschaften, der Vergewaltigung und des Inzests zu verzeichnen. Hinzu kommt noch das Anwachsen der Homosexuellenkultur. Homosexuelle profitieren vom Zusammenbruch der Moral und dem Zerbruch der Familie. Viele sensible Jugendliche, die im Hinblick auf ihre sexuelle Identität verwirrt sind, da ihnen niemals ein angemessenes elterliches Modell für Männlichkeit oder Weiblichkeit vorgelebt wurde, sind den Verführungen der gleichgeschlechtlichen Beziehungen hilflos ausgeliefert.

All dies konfrontiert den Seelsorger mit einer wachsenden Zahl von Menschen, die Heilung von quälenden Erinnerungen an sexuelle Traumata benötigen. Wir leben wahrhaftig in einer mit Sexualität durchtränkten Gesellschaft. Diejenigen, die sich auf das Gebiet der Heilung der Erinnerungen begeben, müssen angemessen darauf vorbereitet sein, mit der Qual und der Erniedrigung dieser schmutzigen Erinnerungen umzugehen. Es ist kein leichter Dienst. Aus der Entfernung, geschützt durch den Panzer unserer

Kanzel, können wir diesen Menschen nicht wirklich helfen, ebensowenig wie wir jemanden aus einer Jauchegrube ziehen können, ohne uns die Hände schmutzig zu machen.

Vor Jahren, als ich meinen Dienst begann, sagte mir ein erfahrener Seelsorger:»Seamands, es gibt zwei Themen, die immer in dein Seelsorgerzimmer hineinspazieren werden — *Gott und die Sexualität.* Ganz gleich wie sehr du dich bemühst, es wird dir nie gelingen, sie lange vor der Tür zu lassen.« Später kam eine noch wichtigere Erkenntnis hinzu — *Menschen können erst völligen Frieden auf jedem dieser beiden Gebiete erlangen, wenn sie beide in den Griff bekommen.* In vielen Fällen setzt dies eine tiefe Heilung von Schäden aus früheren Erfahrungen und ein entschlossenes Umlernen von verzerrten gegenwärtigen Einstellungen voraus.

Sondieren, aber nicht aushorchen

Die sexuellen Geheimnisse sind gewöhnlich unsere bestgehütetsten — tief vergraben liegen sie in den dunklen Kellern unserer Seele. Ich bin immer überrascht, wenn mir Menschen sagen:»Ich habe dies noch niemals jemandem erzählt.« Ich frage mich dann, wie sie das psychisch bewältigen konnten. Sie müssen unwahrscheinlichen Mut aufbringen, um das Risiko einzugehen, es doch zu erzählen. An dieser Stelle müssen Seelsorger die Kunst des kreativen Zuhörens vollendet beherrschen. Nach langer Erfahrung entwickeln einige Seelsorger einen sechsten Sinn dafür, wann Betroffene etwas für sie Schmerzliches aus dem sexuellen Bereich offenbaren müssen.

Wir müssen sehr darauf bedacht sein, sie keinesfalls auszuhorchen, sondern sehr vorsichtig sondieren, Vorschläge machen, ermutigen und Themen anschneiden. Wir wissen, was sie uns sagen werden, aber das dürfen wir ihnen nicht sagen. Wir müssen ihnen versichern, daß sie keine Hemmungen davor zu haben brauchen, es uns zu erzählen, und sie sollen wissen, daß wir sie annehmen werden, gleichgültig, ob sie uns diese Sache anvertrauen oder nicht.

Diese Gewißheit vermitteln wir nicht in erster Linie durch direkte Aussagen, sondern durch unsere Geisteshaltung. Menschen haben ein Empfinden dafür, sie sehen es uns auf viele Kilometer an, ob wir einen gesetzlichen und richtenden Geist haben. Wie können wir es den Menschen erleichtern, jene Barriere zu überschreiten und sich zu öffnen? Wir können sie spüren lassen, daß *wir mit ihnen leiden.* Wie oft habe ich Betroffene gefragt, warum sie ihr Problem nicht mit einem Pastor oder einem christlichen Mitarbeiter besprechen, von dem ich wußte, daß er ihnen nahestand. Die Antwort lautet stets:»Oh, das könnte ich nicht, sie hätten dafür kein Verständnis.« Oder: »Sie wären schockiert. Ich weiß schon, was sie sagen würden.« Gelegentlich kamen Menschen zu mir, bei denen ich mir so gut wie sicher war, was sie aussprechen wollten und mußten. Aber sie schlichen eine Stunde lang wie die Katze um den heißen Brei herum und rückten nie richtig mit der Sprache heraus.

Beobachten und beten; warten und beten; zuhören und beten; sondieren und beten, aber niemals drängen und aushorchen. Es ist von überragender Bedeutung, daß die Betroffenen sich frei dazu entscheiden, uns etwas zu offenbaren. Damit hat der Prozeß der Heilung bei ihnen bereits begonnen. Sobald sie etwas laut in unserer Gegenwart aussprechen, können sie es in Zukunft nie wieder völlig vor sich selbst verleugnen. Sie haben einen sehr wichtigen Teil von sich selbst preisgegeben, der es verdient, daß wir überaus sorgsam und mitfühlend mit ihm umgehen.

Der Konflikt widersprüchlicher Emotionen

Erinnerungen an Erfahrungen aus dem sexuellen Bereich können aus vielen verschiedenen Gründen überaus schmerzhaft sein. Zunächst einmal *stellt unsere Sexualität einen zentralen Teil unserer Identität dar.* Unsere Männlichkeit oder Weiblichkeit ist untrennbar mit unserer Identität und unserer Selbstwahrnehmung verbunden. Jeder Schaden auf diesem Gebiet hat unweigerlich eine tiefe Beeinträchtigung unseres Selbstwertgefühls zur Folge. Der zweite Grund ergibt sich aus der Tatsache, *daß die Sexua-*

lität eine überaus starke Emotion ist. Sie ist in uns so mächtig, daß Gott in seinem Plan vor dem Einsetzen der Pubertät mehrere Jahre des Wachstums und der Entwicklung gesetzt hat. Auf diese Weise sind wir körperlich und gefühlsmäßig reif genug, um mit diesen machtvollen Gefühlen umgehen zu können. Das ist u. a. auch der Grund für die verheerenden Auswirkungen des sexuellen Mißbrauchs von Kindern – solch überwältigende Gefühle werden bei ihnen bereits in so frühem Alter geweckt, dazu noch unter furchterregenden Bedingungen. Es ist so ähnlich, als versuchte man, ein dünnes Verlängerungskabel an eine Hochspannungsleitung anzuschließen. Die Drähte überhitzen sich und brennen schließlich durch. Auf die gleiche Weise ruft sexueller Mißbrauch von Kindern einen emotionalen Kurzschluß hervor, der zu schweren sexuellen Schädigungen führen kann.

Aber der vielleicht wichtigste Grund für den mit diesen Erinnerungen verbundenen Schmerz ergibt sich aus der Tatsache, daß *sexuelle Gefühle die widersprüchlichsten Gefühle sind, die wir Menschen erfahren.* Wir müssen den Betroffenen helfen, die Verwirrung und den Aufruhr, die ihre sexuellen Traumata in ihrem Innern hervorrufen, zu begreifen. Was sie durchgemacht haben, kann dazu führen, daß sie Sexualität als eine unverständliche Mischung aus Verlangen und Furcht, Vergnügen und Schmerz, Faszination und Furcht erfahren. In ein und derselben Emotion verbinden sich auf widersprüchliche Weise zwanghaftes Verlangen und schuldhafte Verachtung. Daher verursachen ungeheilte sexuelle Traumata, die mit in die Ehe eingebracht werden, oft einen schrecklichen inneren Konflikt – man sehnt sich nach Sexualität und haßt sie gleichzeitig.

Als Conny und ihr Ehemann zu mir in die Eheberatung kamen, war ich von ihnen sehr beeindruckt. Sie hatten so viel, worauf sie bauen konnten – einen starken und durch Wissen fundierten christlichen Glauben, interessante Berufe und viele gemeinsame Interessen und Aktivitäten, denen sie auch gern zusammen nachgingen. Es gab nur eine Sache, an der sie keinen Spaß hatten – körperliche Liebe. Nun, ganz so war es eigentlich nicht, denn in Wahrheit hatten sie doch Freude daran. Es war »Connys merkwürdige Reaktion danach«, wie Tim sagte, die ihnen beiden Schwierigkeiten machte. Je mehr Spaß Conny daran hatte, umso wütender war sie nachher auf Tim. Conny stimmte zu: »Ich verstehe es nicht, manchmal scheine ich einfach durchzudrehen. Ich habe ihn sogar schon geschlagen, kurz nachdem ich mich ihm besonders nahe gefühlt hatte!«

Sie hatte alle guten christlichen Bücher über Sexualität in der Ehe gelesen. Sie wußte, daß es eine Gabe von Gott war, und sie war nicht gehemmt. Nachdem Conny einige Male allein zu mir in die Seelsorge gekommen war, verstanden wir beide ihre anscheinend merkwürdigen Reaktionen: sie hatte noch niemals mit jemand darüber gesprochen – besonders nicht mit Tim. Als sie ungefähr acht Jahre alt gewesen war, hatte einer ihrer heranwachsenden Brüder sie zu sexuellen Spielen verführt. Sie »gingen nie bis zum Letzten, aber taten sonst alles«. Dies setzte sich einige Jahre lang mit Unterbrechungen ständig fort. »Zunächst war ich vor Schreck erstarrt. Ich verstand überhaupt nicht, was eigentlich vor sich ging und hatte große Schuldgefühle. Mit Bestechungen und Drohungen sorgte er dafür, daß ich nichts sagte. Mutter litt unter einer schweren Herzkrankheit, und er sagte, wenn sie etwas davon erführe, könnte sie vielleicht einen tödlichen Herzanfall erleiden, und dann wäre ich schuld an ihrem Tod. Daher sagte ich nichts. Später akzeptierte ich es einfach und dann...« Conny wurde still. Ich wartete. »Und dann...« Wieder Schweigen. Connie ließ ihren Kopf sinken und nahm sich noch ein Papiertaschentuch. Sie war wirklich bemüht, ihre Gefühle unter Kontrolle zu bringen, aber sie konnte das Schluchzen *und die Wut* einfach nicht zurückdrängen. Sie stand auf und ging unruhig im Zimmer auf und ab. »Das ist ja furchtbar!« rief sie. »Das ist ja entsetzlich! Ich kann gar nicht glauben, daß ich so etwas tun konnte! Das ist ja abstoßend!« Ich fragte sehr sanft: »Was denn, Conny?« Ich war mir ziemlich sicher, was sie sagen würde, aber ich war auch überzeugt, daß *sie es selbst zuerst aussprechen mußte.* Ich wartete und betete still in meinem Herzen. Schließlich stieß sie die Worte mit heiserer Stimme voller Bitterkeit hervor, als ob sie sich selbst mit einer Peitsche schlagen würde: »Es fing an, mir Spaß zu machen.« Stöhnend stieß sie den Rest hervor: »Was für ein Mensch bin ich nur? Mit meinem eigenen Bruder! Ich hasse ihn dafür, und doch war es schließlich bei mir so, daß ich wollte, daß er es tat.«

Wo lag hier das wahre Problem? Was war die Ursache für ihr »merkwürdiges« und widersprüchliches Verhalten? An welchem Punkt brauchte sie die tiefste Heilung? Natürlich mußte sie ihrem Bruder vergeben und ihren Haß gegen ihn aufgeben. Aber das wahre Problem lag darin, daß sie es sich selbst vergeben mußte, daß sie ihren Bruder und sein Handeln verabscheute.

Wir entdeckten dann noch eine ganze Reihe von Vorstellungen und Gefühlen, die der Heilung bedurften. Sie alle waren die Ursache für tiefe, innere Konflikte, da sie in sich selbst widersprüchlich waren und Connie daher zu ihrem merkwürdigen – von Liebe und Haß geprägten – sexuellen Verhalten drängten. Sie wußte verstandesmäßig, daß Sexualität eine gute Gabe Gottes war, aber sie war trotzdem böse auf ihn – hätte er sich nicht etwas anderes ausdenken können? Sie mochte Männer und fühlte sich zu ihnen hingezogen, aber sie war wütend auf sich selbst, weil sie nicht »stark genug« war, ohne sie auszukommen.

Am verheerendsten wirkten sich diese Gefühle auf ihre Ehe aus. Sie liebte ihren Ehemann, sie brauchte seine Zuneigung und ersehnte die Freude der körperlichen Vereinigung mit ihm. Aber sie war wütend auf sich selbst, daß sie ihn brauchte. Daher richtete sich ihre Wut auf ihn, wenn sie ihr tiefstes Bedürfnis nach ihm zum Ausdruck brachte und deutlich wurde, daß sie sich an ihm freute. Klingt das verwirrend? Natürlich, das war es auch. Als Conny schließlich all diese Zusammenhänge verstand, war sie in der Lage, zu vergeben und Vergebung zu empfangen. Sie konnte ihrem Bruder vergeben, daß er ein Sünder war, und sich selbst, daß sie sich wie ein fehlbares menschliches Wesen verhalten hatte. Sie begann, Gott für seine Gabe der Sexualität zu danken. Schon nach kurzer Zeit waren sie und Tim in der Lage, ein wirklich erfüllendes Eheleben zu führen.

Die eigentliche heilungsbedürftige Verletzung erkennen

Es ist sehr leicht, am wirklichen Problem vorbeizugehen, wenn man mit sexuellen Traumata von Menschen zu tun hat. Natürlich ist der eigentlich sexuelle Teil wichtig. Die Erinnerungen an Einzelheiten und die mit ihnen verbundenen quälenden Emotionen, sowie das Gespräch darüber sind absolut notwendig. Aber oft bringt die bloße Katharsis, die Tatsache, daß man es sich von der Seele gesprochen hat, nicht die erforderliche Heilung und die angestrebte Verhaltensänderung mit sich. Wie bei Conny bedarf oft eine Sache auf einer viel tieferen Ebene noch größerer Heilung, etwas, das mit dem rein sexuellen Teil der Erinnerungen nur mittelbar zu tun hat. Seelsorger und Betroffene müssen sich der komplizierten Verflechtung dieser Verletzungen bewußt sein und müssen dafür Sorge tragen, daß sie alle in den Heilungsprozeß eingebracht werden. Die folgenden drei Beispiele unterstreichen die Wahrheit dieser Aussage.

Niemand glaubte ihr

Gwen kam zu mir, um über eine Vielzahl von Problemen zu sprechen. Einige waren rein persönlicher Natur, andere hatten mit ihrer Beziehung zu ihrem Ehemann zu tun. Wir sprachen über eine ganze Reihe von Dingen, u. a. über einige verzerrte Vorstellungen von Gott und seiner Gnade. Schließlich spazierte, genau wie man mich gewarnt hatte, auch die Sexualität wieder in mein Arbeitszimmer. Sie hatte einige Probleme mit ihrer Reaktion auf die körperliche Vereinigung mit ihrem Mann. Diese Probleme waren keineswegs so schwerwiegend wie bei anderen Menschen, bei denen eine unsichtbare Jalousie herunterkommt, die verhindert, daß sie ihren sexuellen Gefühlen freien Lauf lassen können. Aber es war doch so ernst, daß ihre Ehe nicht so war, wie sie beide es sich wünschten. Ein Großteil der Verletzungen hatte mit einem Vorfall zu tun, der sich ereignete, als Gwen ungefähr elf oder zwölf Jahre alt gewesen war.

Sie war eingeladen worden, im Haus einer guten Freundin zu übernachten. Ungefähr um zwei Uhr morgens schreckte sie im Schlaf hoch. Der große Bruder der Freundin, ein älterer Teenager, war zu ihr ins Bett gekrochen und streichelte sie. Gwen stieß ihn weg und schrie laut auf. Bald ging in allen Zimmern das Licht an, und das ganze Haus war wach. Natürlich lief der große Bruder rasch zurück in sein Zimmer, zog sich die Bettdecke über den Kopf und gab vor, fest zu schlafen. Die Freundin und ihre Eltern versuchten ihr Bestes, um sie zu beruhigen, aber Gwen platzte beinahe hysterisch mit ihrer Geschichte heraus. Schließlich riefen die Eltern der Freundin Gwens Eltern an. Sie meinten, Gwen habe gewiß einen Alptraum gehabt und könne sich anscheinend nicht beruhigen. Es wäre wahrscheinlich das Beste, wenn sie kämen und sie für den Rest der Nacht nach Hause holten. Bald darauf erschienen Gwens Eltern und brachten sie nach Hause.

Solche Vorfälle kommen recht häufig vor und können für ein sensibles Mädchen in dem Alter sicherlich sehr erschreckend sein. Das Problem schien nicht sonderlich kompliziert, und die Erinnerung, die der Heilung bedurfte, schien offensichtlich zu sein. Aber als wir begannen, darüber zu beten, tauchte das wirkliche Problem auf. Was war die eigentliche Verletzung, die Gwen so viel Schmerz verursacht hatte? Mehr als der Schock und die Verwirrung über das, was der große Bruder getan hatte, verletzte sie die Tatsache, daß niemand ihr glaubte — *noch nicht einmal ihre eigenen Eltern.* Auch sie hatten die Erklärung mit dem Alptraum akzeptiert. Oh, wie sehr brannten die Worte ihrer Eltern immer noch in ihr: »Hör mal Schätzchen, sie sind solch eine angesehene Familie, und er ist so ein netter Junge, du weißt, daß er so etwas niemals tun würde. Du mußt einen schrecklichen Traum gehabt haben. Wir alle haben manchmal solche Träume, und sie erscheinen uns so real, daß wir denken, es wäre wirklich passiert.«

Es gibt keine erniedrigendere Erfahrung für Kinder, als wenn ihnen nicht geglaubt wird. Es ist eine der größten Verletzungen, die ihnen zugefügt werden kann. In ihren Augen ist es nichts als Ungerechtigkeit. Verzweifelt erzählen sie die Wahrheit, *aber die Menschen, denen sie um alles in der Welt die Wahrheit sagen sollen, bezichtigen sie der Lüge.* Gwen fühlte sich durch dieses Erlebnis erniedrigt und reagierte mit großer Wut. Dies war der Beginn einer ganzen Reihe von gestörten Reaktionen, besonders ihrer Mutter gegenüber. Sie begann, sich in Richtung eines pedantischen Perfektionismus hin zu entwickeln. Sie brauchte daher innere Heilung und Nachbehandlung (geistliche Chemotherapie) gegen eine Art von Krebsgeschwür, das sich aus Ungerechtigkeit, sexuellem Trauma, Wut und kritischem Perfektionismus zusammensetzte. Wir können Gott danken, denn sein Geist ist in der Lage zu heilen und die Heilung fortzusetzen. Vor kurzer Zeit erhielt ich diesen Brief von Gwen:

»Es ist jetzt zehn Jahre her, daß ich Sie in Ihrem Büro besuchte. Wie oft wünschte ich, daß ich mit Ihnen über die Freuden und Sorgen, die Wachstumsschmerzen und die Siege sprechen könnte, die sich seitdem ereignet haben. Ein Brief kann nicht all die Dinge wiedergeben, die im Zusammenhang mit meiner »Umprogrammierung« geschehen sind. Wie oft wollte ich die Uhr zurückdrehen und wünschte, ich hätte niemals angefangen – d. h. die Heilung niemals begonnen. Aber ich war immer eine Kämpfernatur (vielleicht erinnern Sie sich nicht mehr daran), und die positive Seite meines Perfektionismus behielt die Oberhand! Das Beste daran ist die Tatsache, daß Gott mich im Laufe der Jahre gebraucht hat, einen sehr ähnlichen Dienst an anderen zu tun. Wir haben dieselben Nöte überall gesehen, selbst in anderen Teilen der Welt.

Ich hoffe, daß ich nächstes Jahr meinen Magisterabschluß in Seelsorge mit dem Schwerpunkt Gerontologie erhalten werde. Vielleicht werde ich Sie eines Tages in meinem Büro begrüßen können – haha. (Kommentar des Verfassers – nicht sehr lustig!) Wenn Sie jemals in unsere Gegend kommen, können Sie unser Heim als das Ihrige betrachten. Unser kleiner David A. wächst rasch heran. Er ist ein Schatz. In der Liebe Jesu grüßt Sie Ihre Gwen.«

Von übertriebener Liebe erstickt

Larry war ein Geistlicher in den Zwanzigern. Er war nicht nur alleinstehend, sondern hatte mir immer wieder erzählt, daß er einfach kein Interesse an Frauen habe. Obwohl er in der Nähe eines Strandes lebte, sagte er, daß er niemals irgendein sexuelles Interesse an Mädchen verspürt habe. Stattdessen fühlte er sich sehr stark zu maskulinen Männern hingezogen. Er hatte jedoch solche Gefühle mit aller Macht unterdrückt, besonders seit er im Alter von ungefähr fünfzehn Jahren Christ geworden war. Er hatte versucht, sich mit jungen Frauen zu treffen, und zwei von ihnen hatten sich in ihn verliebt. Sie hatten begonnen, sich so zu verhalten, wie es Verliebte tun, und ihn umarmt und geküßt. Aber Larry hatte sich bei dieser Art von Intimität so unwohl gefühlt, daß er die Beziehung zu ihnen abbrach. Jetzt hatte er es vollkommen aufgegeben, Verabredungen zu treffen — er hatte zu große Angst, daß er den Anforderungen einer Frau niemals würde entsprechen können. Es waren Ereignisse im Pfarrhaus, die ihn dazu brachten, zu mir zu kommen und mich um Hilfe zu bitten. Ein einsamer Jugendlicher, mit dem er sich angefreundet hatte, hatte ihn sich als Vaterfigur auserkoren, und Larry verbrachte viel Zeit mit ihm. Manchmal blieb er sogar über Nacht im Pfarrhaus. In Larry wuchs die Angst vor der immer stärker werdenden Kraft seiner homosexuellen Gefühle diesem Jugendlichen gegenüber. Er erkannte, daß er Hilfe suchen mußte, bevor er etwas tat, was seinen ganzen Dienst zerstören würde.

Niemand kann mit Gewißheit sagen, wodurch Homosexualität verursacht wird. Es scheint ein erlerntes Verhalten zu sein, das aus dem Zusammenspiel eines komplizierten Gefüges von unterschiedlichen Faktoren entsteht. Unter den häufigeren die Entstehung begünstigenden Faktoren finden wir oft eine Familienstruktur wie bei Larry — eine extrem besitzergreifende, dominierende Mutter und ein passiver oder entfremdeter Vater. Larrys Vater hatte ganz offensichtlich seinen zweiten, mehr athletisch gebauten Sohn vorgezogen, während er Larry mit seinen intellektuellen und geistlichen Interessen recht feindselig gegenüberstand. Seine Mutter legte ihm gegenüber eine allzugroße Zärtlichkeit an den Tag und behütete ihn zu sehr. Larry war es peinlich, mit mir über ihre übertriebene Liebe zu sprechen — sie bat ihn noch als erwachsenen Studenten, auf ihrem Schoß zu sitzen, kam frühmorgens zu ihm ins Bett und umarmte ihn und saß im Auto zu dicht neben ihm.

Um sicherzugehen, daß er keine Fehler machte, ließ sie ihn keine Entscheidung selber treffen. Bei verschiedenen Anlässen, als er in der Öffentlichkeit etwas falsch gemacht hatte, weinte sie und schimpfte ihn aus, weil er »ihre Gefühle verletzt hatte«. Mir fiel auf, wie oft Larry voller Abscheu sagte: »Wissen Sie, es ist merkwürdig, sie verhält sich mir gegenüber nicht wie eine Mutter, sondern mehr wie eine Freundin. Sie sagt mir immer, wie hübsch ich bin und was für schöne Augen ich habe, und die Art, wie sie meine Hand hält, wenn wir im Auto sind oder auf der Straße spazierengehen, ist erniedrigend.« Ich war nicht in der Lage, Larry bewußt zu machen, wie wütend er in Wahrheit auf seine Mutter war. Sie hatte so viel für ihn getan — und er war ein zu guter Christ, um solch große Wut zu empfinden!

Dann aber geschah etwas sehr Aufschlußreiches. Larry nahm an der Hochzeit eines Freundes teil. Während der Trauzeremonie wurde er von merkwürdigen Gefühlen überwältigt. In der darauffolgenden Woche beschrieb er es mir so: »Als das Paar sein Ehegelübde ablegte, erkannte ich plötzlich, daß ich niemals heiraten könnte. Ich könnte niemals einer Frau solche Versprechungen machen.« Als ich ihn nach dem Grund fragte, gab er mir diese aufschlußreiche Antwort: »Weil ich niemals eine andere Frau heiraten könnte, wenn meine Mutter mir dabei zusähe.« Ich traute meinen Ohren nicht! Dann erkannte ich, daß sich Larry überhaupt nicht bewußt war, was er da gerade gesagt hatte. Sehr sanft und vorsichtig fragte ich: »Larry, ich verstehe nicht ganz, könntest du das eben Gesagte noch einmal wiederholen?«

Noch einmal antwortete er: »Ich könnte nie eine andere Frau heiraten.« Ich wartete. Er begriff immer noch nicht. Ich entschloß mich, die Wiedergabemethode anzuwenden. Daher sagte ich: »Larry, ich möchte, daß du selbst ganz genau hörst, was du sagst. Sprich ganz langsam und wiederhole genau dieselben Worte noch einmal. Er wiederholte sie langsam Wort für Wort: »Ich... könnte... niemals... eine andere...« und blieb mitten im Satz stecken. Es trat eine lange Pause ein, in der das Schweigen erdrückend war. Dann stieg Larry die Zornesröte ins Gesicht. Es sah aus, als wäre er ein durchsichtiges Glas, in das langsam Tomatensaft gegossen wurde. Von seinem Hals stieg die Zornesröte langsam hoch und erfaßte sein Gesicht und seine Stirn. Er war so voller Wut, daß ich dachte, er würde auf der Stelle explodieren. Wir saßen eine Weile ganz ruhig da, er war nicht mehr in der Lage zu sprechen. Dann verabredeten wir, uns einige Tage später zu einem neuen Termin zu treffen. Ich gab ihm eine einfache Aufgabe mit auf den Weg: »Larry, gestatte es dir selbst, all deine Wut gegen deine Mutter zu empfinden. Wenn dir etwas einfällt, schreib es auf.«

Als Larry wiederkam, berichtete er mir von drei wuterfüllten Tagen. Aus seinen Erinnerungen ergab sich ein ganz klares Bild. Sein Leben lang hatte seine Mutter Nähe, Liebe, Schutz und Zuneigung dazu mißbraucht, ihn vollständig in Besitz zu nehmen und stets zu erreichen, was sie wollte. Obwohl er sehr wütend war, war er auch so aufgeregt über seine Entdeckungen, daß er sie nicht schnell genug herausbringen konnte: »Ich kann einfach nicht erklären, was mit mir geschieht, aber jetzt kann ich meiner Mutter vergeben und kann sie loslassen. *Ich kann ein Mann werden und brauche mich deshalb nicht mehr schuldig zu fühlen.* Ich kann ein unabhängiges Leben führen. Zum ersten Mal kann ich mir vorstellen, mit einer Frau verheiratet zu sein — selbst in sexueller Hinsicht!«

Dann erzählte er mir, daß er in einem Restaurant ein Mädchen getroffen hatte, das er schon kannte, aber das er vorher niemals richtig bemerkt hatte. Er strahlte: »Ich sprach mit ihr, und es machte mir Spaß. Ich fühlte mich zu ihr hingezogen, ihr Gesicht war hübsch, und als ich bemerkte, was sie für eine Figur hatte, wurde ich sogar erregt. Bis jetzt hatte ich immer Angst, daß Frauen mich manipulieren und beherrschen könnten und lehnte sie daher ab. Jetzt fühle ich mich frei, sie zu bewundern und Freude an ihnen zu haben.«

Jetzt war auch ich aufgeregt: »Larry, meinst du, du könntest sie um eine Verabredung bitten?«

Aber Larry war mir schon einen Schritt voraus. Er lachte:

171

»Doktor, das habe ich schon längst getan. Ich habe für morgen abend eine Verabredung!«

Es folgten weitere Gebetssitzungen, in denen Verletzungen und Haßgefühle fortgewaschen wurden. Dann schloß sich noch eine Umprogrammierungsphase an, aber die Veränderung war so gewaltig, daß unsere Arbeit von diesem Zeitpunkt an leicht war. Innerhalb der nächsten zwei Jahre traf Larry eine wundervolle Christin, die seine Frau wurde. Zusammen dienen sie dem Herrn in einem überaus fruchtbaren Dienst. Larry schreibt mir gelegentlich, und in jedem Brief spricht er davon, daß er völlig geheilt sei und wie glücklich er in seiner Ehe ist.

Ich wünschte, alle meine Seelsorgererfahrungen mit Menschen, die gegen die Homosexualität kämpfen, liefen so dramatisch und unkompliziert ab. Das ist aber leider nicht der Fall. Einige von ihnen zählen zu den schwierigsten Fällen, die ich kenne. Bevor eine echte Veränderung stattfinden kann, sind viele Stunden der Seelsorge und der Heilung nötig, sowie die Hilfe einer christlichen Gruppe, die diese Menschen trägt.

Ich habe von Larry berichtet, um noch einmal das Hauptanliegen dieses Kapitels zu betonen: wenn Sie es mit sexuellen Problemen zu tun haben, *sorgen Sie dafür, daß Sie herausfinden, welches Problem in Wahrheit aufgedeckt und geheilt werden muß.* Sehr oft sind Verletzungen sexueller Natur eng mit Verletzungen aus anderen Bereichen verknüpft. Es kann nicht zu einer bleibenden Heilung und Veränderung kommen, wenn diese Erinnerungen nicht zunächst freigelegt und angemessen behandelt werden. Das wahre Problem liegt oft in der Verknüpfung und der Beziehung der beiden Bereiche. Um hierbei richtig vorgehen zu können, müssen Sie für die Eingebungen des Heiligen Geistes sensibel sein.

Verratene Liebe

Brenda und ich verbrachten viele Stunden miteinander in der Seelsorge. Wir sprachen über eine große Anzahl tiefer Verletzungen, die ihr von ihrer Familie zugefügt worden waren. Da war z. B. ihre Mutter, die sie mißhandelte und die sie einmal so schwer verletzte, daß sie ins Krankenhaus mußte. Ihr Vater hatte versucht, sie zu vergewaltigen, als sie sechs Jahre als war. Nachdem wir das vorbereitende Gespräch abgeschlossen hatten, begannen wir mit einem langen Gebet für die Heilung dieser und anderer quälender Erinnerungen.

Bis zu dem Zeitpunkt hatte sie bemerkenswert detailliert die körperliche Qual beschrieben, die sie erlitten hatte. Da sie noch so jung gewesen war, war der sexuelle Mißbrauch besonders schmerzhaft für sie gewesen. Sie hatte oft über diesen Aspekt gesprochen, und er schien der Kern ihres Problems zu sein. Aber während des Gebets wurde ihre Stimme auf einmal immer lauter, bis sie zwischen ihrem Schluchzen herausschrie: »Oh, Vati und Mutti, wie konntet ihr mir das antun? Ich habe euch doch so lieb gehabt, und ich tue es immer noch.« Der tiefste Schmerz war nicht die körperliche Mißhandlung, sondern die psychische Qual, von jemand verraten worden zu sein, den sie liebte.

Bei vielen sexuellen Traumata besteht das Schlüsselproblem im Verrat von Liebe und Vertrauen. Vangy war eine junge Mutter, die mich um Hilfe bat, weil es in ihrer Ehe verschiedene sexuelle Anpassungsschwierigkeiten gab. Sie hatte einen nichtchristlichen Psychiater aufgesucht, der aufgrund ihrer eigenen Aussagen zu dem Schluß gekommen war, daß sie als Kind sexuell mißhandelt worden war. Vangy leugnete das und sagte, sie könnte sich nicht daran erinnern. Der Psychiater erklärte ihr, daß das menschliche Denken in der Lage ist, Erinnerungen auszugrenzen, die so schmerzvoll sind, daß man sie nicht ertragen kann. Sie war jedoch immer noch nicht überzeugt. Deshalb kam sie zu mir in die Seelsorge und sagte: »Ich glaube es erst, wenn ich es von einem christlichen Seelsorger höre.« Ich versicherte ihr, daß so etwas sehr gut möglich wäre und zeigte ihr auch meine Akten zu diesem Thema. In allen Einzelheiten studierten wir den Bericht über die unterdrückten Erinnerungen an den Mordfall, von dem in Kapitel 3 die Rede ist. Nachdem ich ihre Geschichte gehört hatte, stimmte ich mit dem Urteil des Psychiaters überein. Ich ging sogar noch weiter. Ich hatte nämlich den Eindruck, daß sie sich nicht nur an die Details ihres sexuellen Mißbrauchs *nicht erinnern konnte*, sondern es auch gar *nicht wollte*.

Ihre Erinnerungen waren sehr interessant. Bei zwei bestimmten Vorfällen konnte sie sich bis an einen gewissen Punkt erinnern, aber dann brach die Erinnerung ab. Diese Ereignisse hatten mit einem älteren Mann, Onkel Arthur, zu tun, den sie sehr liebte. Da sie von ihren Eltern abgelehnt und so gut wie völlig alleingelassen wurde, hatte sie das Gefühl, daß er der einzige Mensch war, der sie wirklich liebte und gern hatte. Sie waren sehr eng befreundet, und sie erinnerte sich an alle möglichen, wunderbaren Dinge, die sie gemeinsam unternahmen.

Aber zwei dunkle Wolken verfinsterten den blauen Himmel ihrer Erinnerungen. Bei der einen Gelegenheit erinnerte sie sich an ihr Schlafzimmer. Sie konnte es bis ins kleinste Detail beschreiben — die Tapete, die Anordnung der Möbel, ihre Puppen. Sie erinnerte sich an eine Nacht, als Onkel Arthur in ihr Schlafzimmer kam und... Immer wenn sie darüber sprach, wurde sie furchtbar aufgeregt und emotional, aber sie konnte sich an den weiteren Verlauf nicht erinnern. Das andere in ihrer Erinnerung sehr lebendige Bild zeigte sie bei einer sehr häufigen, gemeinsamen Unternehmung — beim Brombeeren pflücken. Sie beschrieb die Szene in allen Einzelheiten — den Wald, wie sie Eimerchen füllten und nach Hause trugen. Aber dann verfinsterte sich ihr Gesicht, und als sie versuchte weiterzusprechen, erlebte sie denselben inneren Aufruhr. Sie erinnerte sich, wie sie die mit Beeren gefüllten Eimerchen trug und fortzulaufen versuchte... und dann war abermals ihr Film gerissen.

Nachdem ich ihr gut zugehört und viele Fragen gestellt hatte, tat ich etwas, das ich nur in den seltensten Fällen tue. Ich sagte ihr, wie meiner Überzeugung nach jeder dieser Vorfälle offensichtlich geendet hatte. Ich bat sie nach Hause zu gehen und einige Stunden damit zu verbringen, sich gerade die Dinge ins Gedächtnis zu rufen, an die sie sich bis dahin nicht erinnern wollte. Dann sollte sie am nächsten Tag wiederkommen und mir den »Rest der Geschichte« erzählen. Sie protestierte zunächst, stimmte aber schließlich doch zu. Sie sagte, sie sei sich darüber im klaren, daß sowohl ihre geistige Gesundheit als auch ihre Ehe vor dem Zusammenbruch stünden, wenn sie ihren inneren Aufruhr nicht in den Griff bekäme.

Als sie am nächsten Morgen kam, war sie sehr verstört. Sie hatte sich in der Tat gezwungen, sich an den Ausgang dieser beiden Vorfälle zu erinnern. Es war beinahe mehr, als sie ertragen konnte. Stockend beschrieb sie alle Einzelheiten von Onkel Arthurs sexuellen Spielen mit ihr. Im Gebet durchlebte sie diese traumatischen Vorfälle noch einmal.

Es war entsetzlich schmerzhaft für sie, aber das wirkliche Problem lag auf einer noch tieferen Ebene des Schmerzes. Als der Herr uns in ihre Kindheit zurückversetzte, schluchzte sie mit der Stimme eines kleinen Mädchens: *»Oh, Onkel Arthur, warum hast du mir das nur angetan? Du warst doch alles, was ich hatte. Du warst mir das Liebste auf der ganzen Welt, ich hatte dich lieb, und ich vertraute dir. Wie konntest du mir das antun, wo ich dir doch vertraut habe?«* Die wahre Verletzung bestand im Verrat der Liebe und des Vertrauens. Nachdem sie von allen wichtigen Bezugspersonen in ihrem Leben enttäuscht und abgelehnt worden war, hatte sie es schließlich gelernt, jemanden zu lieben und ihm zu vertrauen — *und auch er hatte sie verraten.* Aus diesem Grund weigerte sich ihr Verstand einfach, das jeweilige Ende der Geschichte anzuerkennen. *Sie wollte so etwas nicht von dem Menschen denken, den sie so sehr liebte.* Sicherlich war die sexuelle Verletzung ein Trauma. Aber ihr eigentlicher Kampf bestand darin, diesen Verrat zu vergeben und es zuzulassen, daß Gott ihre Vertrauensfähigkeit wiederherstellte. Außerdem mußte sie aufhören, sich durch ihre Beziehungen zu ihrem Ehemann an Onkel Arthur (und allen Männern) zu rächen. Wir verbrachten ungewöhnlich lange miteinander im Gebet, und Gott erhörte uns auf wunderbare Weise. Dies wird durch diesen Brief deutlich, den ich von ihr erhielt:

»Ich möchte Ihnen für Ihren Beitrag zu meiner Heilung danken. Für mich war es das große Finale eines viele Monate dauernden großen Kampfes. Sie waren Gottes Instrument, das er gebrauchte, um mir zu helfen, die Freiheit in Anspruch zu nehmen, die er mir verheißen hat. Ich genieße diese Freiheit jetzt so sehr. Ich weiß, ich habe noch viel zu lernen, und Tony geht es ebenso, aber für mich ist es so wunderbar, eine frische Brise einzuatmen, nachdem ich so lange die stickige, faulige Luft meines Gefängnisses einatmen mußte. Die neugewonnene Freiheit hat mich mit solcher Freude erfüllt. Es hat Tony einen Schock versetzt — aber ich glaube, er wird es überleben! Ich glaube, ich habe noch gar nicht richtig erkannt, wieviel meine Freiheit auch für ihn bedeutet. Nachdem wir Samstagnacht in unserer körperlichen Vereinigung Wunderbares erlebt hatten, gab er am nächsten Morgen in der Gemeinde ein persönliches Zeugnis. (Kommentar des Verfassers — dieses Zeugnis hätte ich sehr gerne gehört!) Er hat mir noch nichts davon erzählt, aber ich bin sicher, daß er es tun wird. Ich bin gespannt, was Gott in seinem Leben durch all diese Dinge tun will. Ich preise ihn für sein Werk in meinem und in Tonys Leben und auch für sein Werk durch Ihr Leben. Ich umarme Sie und bete für Sie. In seiner Liebe grüßt Sie Ihre Vangy.« Die Vorfälle, die wir bis jetzt besprochen haben, reichen sicher aus, um das zentrale Anliegen dieses Kapitels zu verdeutlichen — wir müssen immer nach dem tieferen Problem Ausschau halten, das mit dem sexuellen Trauma verbunden ist. Dabei müssen wir sehr einfühlsam sein, sowohl dem menschlichen Geist der Person gegenüber, die mit uns spricht, als auch dem Heiligen Geist gegenüber, der uns in alle Wahrheit führt.

In Kapitel 5 erwähnte ich Dr. James Pennebakers Arbeit über den Zusammenhang von Bekenntnis und körperlicher Gesundheit. Eine kürzlich veröffentlichte Untersuchung zu diesen Experimenten ist im Hinblick auf unser Thema sehr wichtig: Pennebaker hat herausgefunden, daß hemmende Gefühle sich besonders auffällig auf solche Menschen auswirkten, die vor ihrem siebzehnten Lebensjahr traumatische sexuelle Erfahrungen durchlitten hatten, Menschen, die häufig bestraft wurden, wenn sie über ihre Gefühle sprachen. Das hatte laut Pennebaker zur Folge, daß sie »mehr dazu neigten, alle möglichen Arten von Krankheiten zu entwickeln: Erkältung, Grippe, Rückenschmerzen, Nierenkrankheiten, Krebs«.

Es ist sehr wichtig, daß wir uns Weisheit, Fähigkeit und geistliche Kraft schenken lassen, um den Opfern von sexuellen Traumata zu helfen, an Körper, Denken und Geist gesund zu werden!

12. Kapitel

Die Nachfolgesitzungen, einige Warnungen und Schlußbemerkungen

Eines der Haupthindernisse, die sich der Heilung entgegenstellen, ist die Tatsache, daß wir stets sofortige Erfolge anstreben. Das »Verlangen nach dem unmittelbaren Ergebnis« durchdringt einen großen Teil unseres christlichen Denkens. Wir neigen zu der Annahme, daß eine Heilung, die nicht sofort stattfindet, nicht von Gott sein kann und daher auch nicht als »Wunder« zu bezeichnen ist. Wenn eine Sache Zeit braucht, sind wir ungeduldig und enttäuscht. Gott jedoch will uns selbst zur Ruhe bringen und uns Geduld schenken, denn er kennt keine Abkürzungen zu geistlichem Wachstum und Reife. Nach der Krise der Heilung der Erinnerungen muß der wichtige *Prozeß* des Umlernens und der Umprogrammierung einsetzen.

Die zerstörerischste Auswirkung unterdrückter und ungeheilter Erinnerungen ist die Tatsache, daß sie unsere Wahrnehmung entstellen und uns zu falschen Techniken der Lebensbewältigung verleiten. Jetzt, da solchen Erinnerungen der schmerzhafte Stachel genommen ist, sehen wir uns immer noch der schwierigen Aufgabe gegenüber, zu Gott, zu anderen und zu uns selbst neue Formen der Beziehung aufzubauen. Aber jetzt haben wir dazu eine viel bessere Ausgangsposition. Warum? Weil wir einige der Kräfte, die uns bis dahin zu uns unverständlichen Gefühlen und Verhaltensweisen gezwungen haben, jetzt klarer erkennen können. Es ist richtig, daß die einfache Tatsache neuer Erkenntnisse uns nicht notwendigerweise zu neuem Leben verhilft. Aber diese Einsichten ermöglichen es uns, die Dinge in unserer Persönlichkeit genauer einzukreisen, für die wir das meiste Gebet und die meiste geistliche Disziplin brauchen.

Wir müssen stets das Gesamtbild vor Augen haben. Gebet und Disziplin allein führen bei vielen Menschen nicht zum Erfolg, solange sie keine Heilung der Erinnerungen erlebt haben. Gleichermaßen funktioniert das Heilungsgebet selbst nicht ohne die anschließende Nachbehandlung. Die Betroffenen brauchen beides, um wirklich gesund zu werden. Ich kann gar nicht genug betonen, wie wichtig die Nachgespräche für Seelsorger und Betroffene sind.

Geeignete Bücher können sehr hilfreich sein. Sie können den Betroffenen helfen, ihr Leben zu verändern und neu zu gestalten. Ich kann Bücher der folgenden Autoren empfehlen: A. W. Tozer, James Dobson, C. S. Lewis, Larry Crabb, Bruce Narramore, Catherine Marshall, Dietrich Bonhoeffer, E. Stanley Jones, Charles Swindoll, Paul Tournier, Charles Colson, Joyce Landorf, Norman Wright, Cary Collins, die auch in deutschen Übersetzungen vorliegen.

Diese Autoren verbinden auf hervorragende Weise biblische Wahrheit, psychologische Erkenntnisse und gesunden Menschenverstand. Zur Veränderung unserer neurotischen Lebensmuster können wir von all diesen drei Faktoren gar nicht genug bekommen! Pastoren und Seelsorger sollten den Menschen auch dabei helfen, systematische Pläne für die Bibellese und das Auswendiglernen von Bibelversen zu erstellen.

Ein weiteres sehr wertvolles Mittel zur Erneuerung von Denkstrukturen findet sich in den großen Hymnen und Evangeliumsliedern unserer evangelikalen Tradition. Es lohnt sich, diese auswendig zu lernen, damit man sie sich in der Stunde der Versuchung und des Kampfes in Erinnerung rufen kann. Einige Evangelikale haben Vorbehalte gegen niedergeschriebene Gebete, doch ich habe festgestellt, daß Bücher mit schriftlichen Gebeten von unschätzbarem Wert sind, wenn Menschen lernen wollen, wie man konstruktiv betet.

Viele Menschen müssen den Prozeß der Heilung der Erinnerungen fortsetzen, indem sie sich einem kleinen christlichen Kreis anschließen und dort neue Beziehungen entwickeln. Hier kann die Gemeinde am besten ihrer Aufgabe als heilender Leib Christi nachkommen. Manche Wunden sind so tief, daß es nie zu einer völligen Heilung und Umprogrammierung kommen kann, wenn wir nicht von einer Gruppe von Menschen geliebt und angenommen werden, wie wir sind. Dort müssen wir Menschen finden, die uns genug lieben, um uns das zu sagen, was wir hören müssen, wenn wir neu werden wollen. Manchmal ist das in der Zeit nach dem Heilungsgebet am wichtigsten – wir müssen zugeben, daß wir es allein nicht schaffen können und uns zu dem Risiko ermutigen lassen, uns einer Gruppe von »geheilten Helfern« zu öffnen.

Denkmuster ändern

Es ist entscheidend, daß wir unser Denken ändern. Den folgenden Artikel gebe ich oft Menschen, die Schwierigkeiten mit geringem Selbstwertgefühl und absurden, perfektionistischen Denkmustern haben. Richtige und falsche Formen der Wahrnehmung werden einander gegenübergestellt. Diese Aufstellung kann Menschen beim »Prozeß der Veränderung durch die Erneuerung des Denkens« helfen:

Eine Liste der falschen, unrealistischen und absurden Vorstellungen, die sehr stark zu perfektionistischen Komplexen beitragen und die verändert werden müssen, wenn Heilung stattfinden soll:

ICH

1. Ich sollte von jedermann gemocht, geschätzt und geliebt werden, besonders von denen, die mir wichtig sind.

2. Ich sollte in der Lage sein, alles was ich tue, gut zu tun – wenn ich das nicht kann, sollte ich es besser unterlassen oder warten, bis ich es kann.

3. Ich muß völlig kompetent und erfolgreich sein, bevor ich in meinen und in den Augen anderer etwas wert bin.

4. Ich kann zu meinem Glück eigentlich nichts beitragen, es unterliegt den Entscheidungen anderer und äußeren Umständen.

5. Die Erfahrungen/Einflüsse der Vergangenheit können nicht geändert werden.

6. Es gibt nur eine einzige wahre/vollkommene Lösung für jedes Problem – wenn ich diese nicht finde, bin ich am Ende/verloren/werde ich zerstört.

7. Ich sollte in der Lage sein, jedermann in meiner Umgebung glücklich zu machen bzw. sein Glück zu erhalten – schaffe ich das nicht, ist das mein Fehler.

8. Ich bin verantwortlich dafür, das Schlechte in der Welt zu verändern/die Probleme der Welt abzuschaffen/alle Ungerechtigkeit in der Welt wiedergutzumachen.

ANDERE

1. Andere sollten sich um mich kümmern/freundlich zu mir sein/mich niemals enttäuschen.

2. Andere sollten in der Lage sein, meine Gedanken zu erraten und zu wissen, was ich brauche/was ich will, ohne daß ich es ihnen sage – wenn sie dies nicht tun, liegt der Grund darin, daß sie mich nicht wirklich mögen/lieben.

GOTT

1. Gott akzeptiert/liebt mich, wenn er all das gutheißen kann, was ich bin/denke/fühle/sage/tue.

2. Gott mag mich vielleicht akzeptieren, wie ich bin, aber nur, wenn ich in Zukunft niemals etwas Falsches denken/fühlen/sagen/tun werde.

3. Gott errettet mich aus Gnade, aber er erhält diese Beziehung nur aufrecht, wenn ich Bibel lese/bete/Zeugnis gebe/diene/genug für ihn arbeite.

4. Gott hält mich im Hinblick auf meine letztendliche Errettung im Ungewissen/vor dem großen weißen Thron wird er mich richten und dann entscheiden, ob ich das ewige Leben/den Himmel verdiene.

* * *

Eine Liste wahrer, realistischer und biblischer Vorstellungen, die die absurden ersetzen sollen: »Den alten Menschen . . . ausziehen und den neuen anziehen« (s. Kolosser 3,9-10) ist ein Teil des

Umprogrammierungsprozesses, der für die Heilung unseres Perfektionismus von so entscheidender Bedeutung ist.

ICH UND ANDERE

1. Ich bin als Person etwas wert, gleichgültig ob ich im Hinblick auf gewisse Leistungen erfolgreich bin oder nicht.

a) Gott hat sich zu meinem Wert als Person geäußert: Psalm 8; Römer 5,6-8.

b) Gottes Maßstäbe im Hinblick auf »Erfolg« unterscheiden sich von denen der Menschen: Lukas 10,17-24; 1. Korinther 1,25-31.

c) Gott hat sowohl den Vergleich als auch den Wettbewerb hinweggenommen und will nur, daß ich meine spezielle(n) Gabe(n) treu ausübe: Lukas 14,7-11; Matthäus 20,1-16; Matthäus 25,14-30; 1. Korinther 12,4-27; Römer 12,6; Apostelgeschichte 5,29. 2. Ich muß nicht von jedermann geschätzt/gemocht/geliebt werden, um mich geborgen oder liebenswert zu fühlen.

a) Einige Menschen können mich nicht mögen/lieben, weil sie selbst Probleme haben: Johannes 15,18-27; Johannes 17,14-19; Galater 1,10 und 4,12-16; 1. Petrus 4,12-16; Johannes 3,11-13.

b) Da ich von Gott stets geliebt werde (unabhängig davon, welche Gefühle andere mir gegenüber haben), brauche ich mir keine übertriebenen Gedanken darüber zu machen, ob andere mich anerkennen/ablehnen: Johannes 15,9-10 und 17,25-26; Römer 8; Hebräer 13,5-6; 1. Johannes 4,16-19.

GOTT

1. Gott akzeptiert/liebt mich, selbst wenn er nicht alles gutheißt, was ich tue: Johannes 3,16-17; Römer 5,6-8; 1. Johannes 4,7-10.

2. Nicht perfekte Leistung, sondern der Glaube an das, was er für mich (in Christus) getan hat, ist Gott wohlgefällig und verschafft/erhält mir eine (ge)rechte Beziehung zu ihm: Römer 1-5; Galater; Hebräer 11,6.

3. Gott gibt mir heute durch seinen Heiligen Geist die Gewißheit meiner Errettung/des ewigen Lebens/des Himmels. Ich bin
bereits am Kreuz gerichtet worden. Die einzige Beurteilung, die
mich in der Zukunft erwartet, bezieht sich auf Belohnungen für
meinen Dienst und hat nichts mit meiner Errettung zu tun: Johannes 3,36 und 5,24; 1. Korinther 3,10-15; 1. Johannes 3,24 und 5,6-13.

Unsere Autobiographie umschreiben

Die vielleicht schwierigste Aufgabe, die sich uns nach der Heilung unserer Erinnerungen stellt, besteht darin, sie als einen *Teil
unserer Lebensgeschichte zu akzeptieren.* Heilung der Erinnerungen bedeutet *nicht,* daß wir uns nicht länger an unsere Vergangenheit erinnern. Dies würde nämlich zunächst einmal genau dem
Ziel entgegenstehen, das wir unter solchen Mühen angestrebt
haben – uns an alles zu erinnern, auch an die schmerzhaftesten
Erfahrungen, die wir unter allen Umständen vergessen wollten. Es
wäre außerdem nicht biblisch. Denn die Bibel sagt uns nicht, daß
wir unsere Vergangenheit auf diese Weise vergessen sollen.

Die Heilung der Erinnerungen bedeutet, daß wir aus dem
Gefängnis der Verletzungen der Vergangenheit befreit worden
sind. Wir erinnern uns jetzt aber nicht mehr auf dieselbe Weise
wie früher. *Wir können die Tatsachen, an die wir uns erinnern,
nicht ändern – was wir ändern können, ist die Bedeutung, die sie
für uns haben und der Einfluß, den sie auf unser gegenwärtiges
Leben ausüben.* An diesem Punkt kann die anschließende Seelsorge für die betroffenen Menschen sehr wertvoll sein – sie hilft
ihnen, in ihrem Leben eine neue Bedeutung und ein neues Ziel zu
entdecken. Allzuoft haben wir Römer 8,28 aus dem Gesamtzu-
sammenhang herausgerissen. Wir müssen daran denken, an welcher Stelle dieser bedeutende Vers erscheint – er schließt sich an
die beiden Verse über innere Heilung an, die wir so oft zitiert
haben:

»Ebenso kommt aber auch der Geist unserer Schwachheit zu
Hilfe. Denn wir wissen nicht, was wir beten sollen, wie sich's
gebührt; aber der Geist selbst tritt für uns ein mit unausgespro-

chenen Seufzern. Der aber die Herzen erforscht, weiß, was des Geistes Sinn ist; denn er vertritt die Heiligen so, wie es Gott angemessen ist. Wir wissen aber, daß denen, die Gott lieben, alles zum Besten mitwirkt, denen, die nach dem Vorsatz berufen sind« (Röm. 8,26-28).

Ein wichtiger Teil des Heilungsprozesses ist die Entdeckung, daß Gott sogar die schmerzlichsten unserer Erfahrungen in etwas verwandeln kann, das für uns heilsam ist und ihn verherrlicht. Wie wir bereits sagten, bedeutet das nicht, daß Gott die Ursache von allem ist, was uns zugestoßen ist, sondern daß er all diese Dinge in seiner Hand hält. Während der nachfolgenden Sitzungen helfen wir den Menschen, ihre Autobiographie umzuschreiben, indem wir auch in den schmerzlichsten Vorfällen neue Bedeutung entdecken und anerkennen — die Bedeutung, die Gott diesen Vorfällen verleiht. Menschen, die geheilt wurden, haben mir oft gesagt, daß *Gott sie gebraucht, anderen Heilung zu bringen, die ähnliche Erfahrungen durchlitten haben.* So haben sie gelernt, mit Joseph zu sprechen, der zu seinen Brüdern sagte: »Ihr gedachtet zwar Böses wider mich; aber Gott gedachte es gut zu machen...« (1. Mose 50,20).

Lernen, die Heilung der Erinnerungen selbst durchzuführen

Noch ein letztes Wort im Hinblick auf die anschließenden Sitzungen. Wir sollten mit den Menschen daran arbeiten, daß sie die grundlegenden Prinzipien der Heilung der Erinnerungen erlernen. Dann können sie diese Form der Gebetstherapie mit ihrem Ehepartner oder einem vertrauten Freund selbst anwenden. Seelsorger sind vorübergehende Assistenten des Heiligen Geistes. Sie sollten stets danach trachten, sich selbst so rasch wie möglich entbehrlich zu machen. Ehemänner oder Ehefrauen, Freunde oder kleine Gesprächskreise sollten sie eines Tages ersetzen, und schließlich sollten Christen lernen, schmerzvolle Erinnerungen direkt vor den großen Seelsorger, den Heiligen Geist, zu bringen und seine Heilung zu empfangen.

Heilung der Erinnerungen als vorbeugende Medizin

Bis jetzt haben wir diese Form der inneren Heilung immer als eine Art geistlicher Chirurgie verstanden. Als Eltern können wir es jedoch auch lernen, *sie als eine Gebetstherapie gegen schädliche Auswirkungen von Verletzungen einzusetzen. Wenn wir spüren, daß unsere Kinder durch die schädlichen Vorfälle und Traumata des Lebens verletzt worden sind, können wir ihnen helfen, uns ihre Gefühle zu offenbaren und in Form einer vorbeugenden Therapie für ihre Heilung zu beten.* Auf diese Weise werden sich ihre Verletzungen und erniedrigenden Erfahrungen nicht in Haßgefühle und Aggressionen verwandeln. Wir können dadurch dafür sorgen, daß sie emotional und geistlich gesund bleiben. Hunderte von Eltern haben mir berichtet, daß eines der besten Ergebnisse ihrer eigenen Heilung der Erinnerungen eine neue Sensibilität gegenüber den seelischen Verletzungen ihrer Kinder ist.

Warnung und Schlußbemerkungen

Von Anfang an haben wir betont, daß die Heilung der Erinnerungen *eine, aber nicht die einzige Form der geistlichen Therapie* ist. Ich habe lange gezögert, dieses Buch zu schreiben. Meine größte Angst bestand darin, daß einige versuchen werden, es als eine Art von Spielerei zu gebrauchen, als rasche und leichte Antwort auf emotionale und geistliche Probleme oder als Lösung für jede Schwierigkeit. Lassen Sie es mich ganz scharf sagen — *DIE HEILUNG DER ERINNERUNGEN IST KEIN ALLHEILMITTEL FÜR JEDEN EMOTIONALEN UND GEISTLICHEN KOMPLEX!*

Bei einigen Problem- und Persönlichkeitstypen sollte sie sogar *keinesfalls* angewandt werden. Überaus nützlich und erfolgreich ist sie bei Menschen, die die Erinnerungen an ihre schmerzlichsten Erfahrungen tief unterdrückt haben und daher dazu neigen, verschlossen zu sein und ihre wahren Gefühle gegenüber Gott, anderen und sich selbst nicht zum Ausdruck zu bringen. Daraus folgt, daß sie sich in ihr Innenleben zurückziehen und nicht in der Lage sind, enge zwischenmenschliche Beziehungen einzugehen. Solche Menschen, die manchmal scherzhaft »Gottes Eisheilige« genannt werden, kann die Heilung der Erinnerungen von vergrabenem Groll befreien und ihnen helfen, Vergebung, Freiheit und echte emotionale und geistliche Reife anzustreben.

Bei gewissen überaus gefühlsbetonten und hysterischen Persönlichkeitstypen sollte sie jedoch nicht angewandt werden. Ich habe zu Beginn eines Seelsorgegesprächs mit Menschen oft den Eindruck gehabt, daß sie Heilung für schlimme Erinnerungen brauchten. Als ich sie jedoch um ihre schriftliche Liste bat, brachten sie mir lange, ausführliche Romane mit hunderten von unwichtigen Vorfällen, die bis in die allerkleinste Einzelheit beschrieben wurden. Es zeigte sich, daß diese Menschen keine unterdrückten oder vergrabenen Erinnerungen und Emotionen in sich trugen. Sie hatten genau das entgegengesetzte Problem: alles wurde übermäßig aufgeblasen und mit allen möglichen eingebildeten Gefühlen umgeben. Daher mußte ich dann meinen ursprünglichen Plan ändern und diesen Menschen helfen zu lernen, *undisziplinierte und unbeherrschte Emotionen zu kontrollieren, die in ihrem Leben großen Schaden anrichteten.*

Der Versuch, die Heilung der Erinnerungen bei solchen Menschen anzuwenden, verursacht nur noch schlimmeren Aufruhr in ihrem unbeherrschten Gefühlsleben und kann zu noch größerer Unausgeglichenheit führen. Es kann wirklich mehr schaden als nützen. Diese Menschen brauchen eine viel rationalere Art der Seelsorge. Ihnen muß nicht geholfen werden, Zugang zu ihren *unterdrückten Gefühlen* zu finden. Vielmehr müssen sie lernen, unbeherrschte Gefühle zu kontrollieren. Ich schreibe dies in der Hoffnung, daß niemand die Heilung der Erinnerungen zu einer Art von geistlicher Mode oder zu einem raschen emotionalen Allheilmittel machen wird.

Am Ende dieses Buches können wir jetzt feststellen, daß sich der Kreis schließt. Am Anfang stand das Geheimnis und am Ende sind wir wieder bei ihm angelangt. Es gibt einige Dinge, die wir über die Heilung der Erinnerungen wissen, andere wissen wir nicht. Es gibt mit Sicherheit genügend positive und durch Wunder gewirkte

Ergebnisse im Leben von Betroffenen, die uns ermutigen, noch mehr Wahrheiten über dieses Thema zu ergründen. Es gibt auch genügend negative Beispiele, die uns zur Vorsicht raten.

Niemand wird das Geheimnis der Erinnerungen jemals völlig verstehen, ebenso wenig wie wir jemals ein völliges Verständnis des Geheimnisses erlangen werden, das Gott umgibt, in dessen Bild wir geschaffen sind. Darum wollen wir in Demut vor dem Herrn wandeln und seinen Heiligen Geist bitten, daß er uns in die Wahrheit leitet, die uns freimacht. Bis dahin wollen wir von der Weisheit Gebrauch machen, die er uns geschenkt hat, und die innere Haltung des Mose einnehmen, der sagte: »Die Geheimnisse sind des Herrn, unseres Gottes, die geoffenbarten Dinge aber sind für uns und unsere Kinder bestimmt ewiglich, damit wir alle Worte dieses Gesetzes tun« (5. Mose 29,29).

Erwin Scharrer

Heilung des Unbewußten

Einige Aspekte biblischer Anthropologie und ihre Bedeutung
für die Seelsorge
Edition C, Nr. C 71, 152 Seiten

Anthropologie und Theologie, Psychotherapie und Seelsorge
sind zwei Dimensionen einer Wahrheit: der Wahrheit, die zum
Menschen führt, ausgedrückt in den Begriffen Heilung und Heil.
Es ist das Anliegen dieses Buches, das Ineinanderwirken von
Gottes Heil und den Möglichkeiten menschlicher Heilung in
einigen Aspekten darzustellen. Heilung im Kontext dieses Buches bedeutet aber nicht primär medizinisch-psychotherapeuti-
sche Heilung, sondern Veränderung. Verwandlung des ganzen
Menschen im Sinne einer »inneren Heilung«. Der erlösungsbe-
dürftige Mensch ist zugleich der »gefallene Mensch«! Erlösungs-
realität möchte in die gestörte Schöpfungsrealität des Menschen
eindringen und ihn dort verändern. Dieser Veränderungs- und
Verwandlungsprozeß ist schmerzhaft, ereignet sich in Stufen,
führt zu Lebenskrisen, muß immer wieder neu angenommen und
durchlitten werden, möchte in die Tiefe dringen.

Verlag der Francke-Buchhandlung GmbH
Marburg an der Lahn

Antwort auf Lebensfragen

In dieser Reihe sind bisher erschienen:

Verlag der Francke-Buchhandlung GmbH
Marburg an der Lahn